Albert Bouley

Feines aus dem
Schnellkochtopf

Anmerkung zu den Rezepten

Alle Mengenangaben sind, wenn nicht anders angegeben, für 4 Personen berechnet.

Bei den Rezepten ist jeweils vermerkt, ob das Kochgut mit oder ohne Einsatz gegart wird.

Abkürzungen

l	= Liter	
dl	= Deziliter	= ¹⁄₁₀ Liter
cl	= Centiliter	= ¹⁄₁₀₀ Liter
ml	= Milliliter	= ¹⁄₁₀₀₀ Liter
kg	= Kilogramm	
g	= Gramm	
EL	= Eßlöffel	
TL	= Teelöffel	
Bd	= Bund	
Fl	= Flasche	
St	= Stück	
Msp	= Messerspitze	

ISBN 3-7750-0182-4

Fotos: Studio Gerlach, Frankfurt/Main
Die Teller für die Fotoaufnahmen wurden uns freundlicherweise von Kunsthandwerk Frey, Ravensburg, zur Verfügung gestellt.
Redaktionelle Bearbeitung: Cornelia Adam und Monika Graff

© Walter Hädecke Verlag, D-7252 Weil der Stadt, 1993.

Nachdruck, auch auszugsweise, nur mit Genehmigung des Verlages.
Alle Rechte vorbehalten.
Die Rezepte und Ratschläge in diesem Buch wurden vom Autor und vom Verlag sorgfältig geprüft, dennoch kann eine Garantie nicht übernommen werden. Eine Haftung des Verlages und seiner Beauftragten oder des Autors für etwaige Personen-, Sach- oder Vermögensschäden ist ausgeschlossen.

Satz: SCS Schwarz Satz & Bild digital, 7022 L.-Echterdingen
Druck: Neue Stalling, Oldenburg. Printed in Germany 1993.

Inhalt

Anmerkung zu den Rezepten   2

Anleitung zur richtigen Handhabung   4

Küchenlatein   6

Vorspeisen   9

Leichte Suppen   16

Fische & Meeresfrüchte   22

Fleischgerichte   32

Geflügel   44

Gemüsegerichte & Beilagen   52

Desserts   56

Eingemachtes   66

Rezepte von A bis Z   68

Anleitung zur richtigen Handhabung

Das schonende Garen, das Aroma- und Geschmacksstoffe richtig entfaltet, entspricht den Anforderungen der neuen Küche. Auch Albert Bouley bereitet einen Großteil seiner kulinarischen Kreationen im Schnellkochtopf zu, eine Auswahl steht in diesem Buch. Damit Sie alle Rezepte leicht nachkochen können und Spaß beim Zubereiten und vor allem beim Genießen haben, hier eine Zusammenfassung der wichtigsten Punkte beim Umgang mit dem Schnellkochtopf:

1. Das Prinzip aller Schnellkochtöpfe ist gleich, es gibt aber zwei grundverschiedene Konstruktionen:
   Schnellkochtöpfe, die hermetisch abgedichtet sind und beim Garen keinen Dampf entweichen lassen, und
   Schnellkochköpfe mit dampfdurchströmtem Druckanzeiger, der ständig etwas Dampf und Aroma entweichen läßt.
   Zum Aromagaren sind die hermetisch dichten Schnellkochtöpfe besser geeignet, weil das Aroma im Topf bleibt.
   Außerdem gibt es Schnellkochtöpfe mit nur einer Druckstufe. Empfehlenswerter sind Töpfe mit zwei Druckstufen: einer *Schonstufe* für empfindliche Gerichte wie Gemüse und Fisch und einer *Schnellkochstufe*.

2. Ohne Flüssigkeit kein Dampf! Der Topfboden muß immer, je nach Rezept, mit Wasser, Wein, Brühe (und eventuell mit Kräutern oder Gewürzen) bedeckt sein. Die Flüssigkeit wird mit großer Hitzezufuhr aufgekocht und das Kochgut zugefügt, je nach Beschaffenheit im Einsatz oder direkt. Die Füllmenge darf zwei Drittel des Topfinhalts bei normalen Speisen, und bei quellenden und schäumenden Lebensmitteln die Hälfte betragen, so daß immer genügend Abstand zum Ventil bleibt.

3. Vor dem Verschließen wischt man Deckel- und Topfrand mit einem feuchten Tuch ab, setzt den Deckel auf den Topf und verschließt ihn. Wenn beide Griffe übereinanderstehen und die Verriegelung durch ein hörbares „Klick" einrastet, ist der Schnellkochtopf verschlossen.

4. Jetzt wird mit größter Hitzezufuhr angekocht, solange, bis Dampf ausströmt, etwa nach einer Minute; dann ist der Schnellkochtopf „entlüftet". Je nach Gargut stellt man die gewünschte Kochstufe ein, Stufe 1 (Aromastufe, Schonstufe) für Fisch, Gemüse und zartes Fleisch, Schnellkochstufe (Stufe 2) für längergarende, robustere Gerichte.

5. Wenn der Garanzeigestift sichtbar wird, reduziert man die Hitzezufuhr und stellt den Küchenwecker ein, denn jetzt beginnt die eigentliche Garzeit. Eine Faustregel: Im Schnellkochtopf reduziert sich die Garzeit im Vergleich zum konventionellen Kochen um zwei Drittel.

6. Sollte jetzt eventuell Dampf aus dem Schnellkochtopf strömen, ist das kein Grund zur Panik, die Wärmezufuhr ist einfach noch zu hoch. In diesem Fall schaltet man den Herd kurzfristig aus oder zieht den Topf kurze Zeit vom Herd.

7. Bei Garzeitende zieht man den Schnellkochtopf vom Herd, damit sich die Temperatur im Topf senkt. Man läßt mit Hilfe eines Schiebereglers „abdampfen", das heißt, man läßt allen Dampf aus dem Schnellkochtopf. Dabei sinkt der Garanzeigestift wieder in seine Ausgangsposition zurück. Ist das der Fall, besteht kein Druck mehr im Topf und er kann geöffnet werden.

8. Zum Reinigen des Schnellkochtopfes sollten milde Reinigungsmittel verwendet werden.

9. Zur Aufbewahrung sollte der Deckel umgekehrt auf dem Topf liegen, damit der Gummiring trocknen kann und lüftet.

10. Entscheiden Sie sich beim Kauf eines Schnellkochtopfes immer für Markenfabrikate, denn die garantieren Sicherheit und Nachkaufgarantie für Ersatzteile. Gummiringe sollten alle zwei Jahre ausgetauscht werden, da sie brüchig werden können.

Küchenlatein

Köche haben ihre eigene Sprache und benützen Fachausdrücke, die nicht jedem geläufig sind. Auch in den Rezepten dieses Buches tauchen solche Begriffe auf. Sie beschreiben küchentechnische Vorgänge oft genauer und kürzer, als es mit einer deutschen Umschreibung möglich wäre.

Ablöschen
　Flüssigkeit an gebratenes Gemüse, Fleisch oder Fisch gießen

Abschäumen
　Nach dem Aufkochen entstandenen Eiweißschaum (Fisch-, Fleisch-, Geflügelbrühe) mit dem Schaumlöffel abnehmen

Al dente
　Nudeln, Reis oder Gemüse knackig garen, so daß noch ein bißfester Kern bleibt

Arachide Öl
　Erdnußöl

Ausbrechen
　Schalentiere aus ihrem Panzer lösen

Balsamico
　Alter italienischer Essig aus Traubenmost

Beizen
　Fleisch, Wild etc. in eine würzige Flüssigkeit einlegen (auch marinieren), um es zarter bzw. geschmackvoller zu machen

Binden
　Soße durch Eigelb, Mehl, Speisestärke oder Sahne bzw. Crème fraîche legieren

Blanchieren
　Abbrühen, in kochendes Wasser geben und eiskalt abschrecken

Bouquet garni
　Suppengrün mit Kräutern, als Sträußchen gebunden

Braisieren
　Eine Garmethode, die zwischen braten und kochen liegt (schmoren)

Brunoise
　Gedünstete Würfelchen von Wurzelgemüse (Suppengrün)

Caprini
　Italienischer Ziegenkäse

Confit
　Eingekochtes Fleisch, Geflügel, Gemüse

Consommé
　Konzentrierte, klare Brühe von Fisch, Fleisch, Geflügel, Wild

Coulis
　Püreeartige, cremige Soße

Crème double
　Dickcremige Sahne mit 45 % Fettgehalt

Crème fraîche
　Saure, fetthaltige Sahne mit 30–40 % Fettgehalt

Croûtons
　In Butter geröstete Brotwürfelchen

Dressiersack
　Spritzbeutel mit verschiedenen Vorsätzen

Entfetten
　Nach dem Braten oder Kochen von Fleisch oder Geflügel die Fettschicht auf der Soße nach dem Erkalten abnehmen

Entrecôte
　Rindfleisch aus der Zwischenrippe

Farce
　Durch den Wolf gedrehte oder mit dem Zerhacker zubereitete Fleisch-, Fisch- oder Geflügelmasse

Foie gras (du canard, d'oie)
　Enten- oder Gänseleber

Fond
　Grundsoße als Soßenbasis von Fleisch, Fisch und Geflügel

Fumet de poisson
　Konzentrierte Fischbrühe (Fumet = Duft, Geruch)

Garnitur
　Beilagen, Verzierung

Glace de viande
　Konzentrierter, gelierender Fleischfond

Gla(c)sieren
　Überziehen mit konzentriertem Fleischfond; in Butter schwenken

Gratinieren
　Im Grill oder Backofen überkrusten (überbacken)

Julienne
　Sehr feine, gleichmäßig geschnittene Streifen (von Gemüse – julienne de legumes –, Schinken, Fleisch etc.)

Jus
　Ungebundener, gelierender Bratensaft

Karkasse
　Gerippe von Geflügel oder kleinen Tieren (Kaninchen, Lamm)

Kasserolle
　Breiter, flacher Schmortopf mit Deckel

Klären
Brühe durch Aufkochen mit Klärfleisch (Bauchfleisch, Schenkel oder Wade) oder Eiweiß oder durch Filtern klar machen

Köcheln
Bei schwacher Hitze kochen

Krebsnasen
Gepanzertes Körperteil des Krebses, in dem die Innereien sind

Marinade
Gewürzte Flüssigkeit zum Beizen von Fleisch, Geflügel und Fisch

Mehlbutter
Beurre manié, weiche, mit Mehl verknetete Butter zum Binden von Soßen

Mehlieren
In Mehl wenden

Mirepoix
Kleingewürfeltes Röstgemüse von Möhren, Sellerie und Zwiebeln, gewürzt mit Lorbeerblatt (evtl. mit Schinken oder Speck)

Moules
Miesmuscheln

Mousse
Feinpürierte, schaumartige Masse

Nage (à la nage)
Reduzierter Dämpfsud für Fische und Krustentiere

Nappieren
Das Überziehen mit Soße

Noilly Prat
Französischer Wermut, der sich sehr gut zum Kochen eignet

Parfümieren
Durch Zugabe von Alkohol dem Gericht Geschmack geben

Parieren
Fleisch von Häutchen und Sehnen befreien und in Stücke zurechtschneiden. Das gilt auch für Fisch

Passieren
Weichgekochtes durch ein Sieb streichen oder durch ein Tuch seihen

Pfeilwurzelmehl
Arrow-root, Stärke aus gemahlenen tropischen Knollen oder Wurzeln zum Binden von Flüssigkeit, gibt's u. a. im Reformhaus

Pochieren
Unterhalb des Siedepunktes garziehen lassen

Poularde
Masthähnchen und -hühnchen, vor der Geschlechtsreife geschlachtet

Poulet
Brathähnchen

Primeurs
Frühgemüse

Reduzieren
Einkochenlassen von Flüssigkeit. Durch Verdampfen wird die Konzentration stärker

Reduktion
Eingekochte Flüssigkeit

Salamander
Starker Grill mit Oberhitze, wird in der Gastronomie verwendet

Sauternes
Französischer Weißwein mit viel Restsüße (Dessertwein)

Sauteuse
Flache Kasserolle mit langem Griff

Sautieren
Rasch anbraten, schwenken

Schafseckpilze
ähneln den Semmelstoppelpilzen. Haben ein festes Fleisch

Schmoren
Angebratenes Gargut mit wenig Flüssigkeit bei geringer Hitze fertiggaren

Soufflé
Duftiger Auflauf mit steifgeschlagenem Eiweiß

Spickzwiebel
Zwiebel, mit Nelken und Lorbeerblatt besteckt

Terrine
Pastete im Wasserbad gegart, ohne Teigkruste

Tomates concassées
Kleingewürfeltes Fleisch von gehäuteten, entkernten Tomaten, kurz blanchiert oder gedünstet (Flüssigkeit sollte vollständig verdunstet sein)

Tomatisieren
Tomatenmark unterrühren

Tournieren
Gemüse auf eine gleichmäßige Form zurechtschneiden, auch etwas einkerben oder formen

Tranche
Scheibe

Tranchieren
Fachgerechtes Zerlegen von Fisch, Fleisch, Geflügel

Trüffeljus
Saft, der beim Einkochen von Trüffeln gewonnen wird. In Dosen, in Feinkostläden erhältlich

Vinaigrette
Soße aus Essig und Öl (Grundsoße für Salat)

Wässern
Einlegen in kaltes Wasser, z. B. Markknochen, Innereien, damit sie weiß bleiben

Zesten
Schmale Streifen aus der Schale von Zitrusfrüchten

Tiefseegarnelen in Chianti mit Petersilienwurzel

½ Fl. Chianti (⅜ l)
3 Schalotten
¼ l Fischfond (siehe Seite 22)
8 große Tiefseegarnelen
2 EL Olivenöl
1 Petersilienwurzel
Salz
150 g Butter
1 Bd Schnittlauch

Für den Fischfond am Vortag die Gräten von Edelfischen mit etwas Dill und einem Schuß Weißwein ca. 10 Minuten in kochendem Wasser ziehen lassen.
Für die Sauce den Rotwein mit einer halben gehackten Schalotte in einen Topf geben und fast ganz einkochen. Den Fischfond dazugießen und nochmals auf die Hälfte reduzieren. Die Garnelenschwänze so der Länge nach teilen, daß sie am Ende noch zusammenhängen. Den Darm entfernen.
Nun die Garnelen in heißem Öl ganz kurz anbraten, damit sich die Poren schließen. Den Rotweinfond in den Schnellkochtopf geben, die Garnelen auf den Siebeinsatz legen und ca. 1 Minute auf Stufe 1 garen.
Die Petersilienwurzel waschen, schälen und in feine Streifen schneiden. In kochendem Salzwasser ca. 2 Minuten blanchieren.
Die Petersilienwurzel in wenig Butter mit gehackten Schalotten kurz durchschwenken, Schnittlauch dazugeben, die Garnelen daraufsetzen. In die warme Rotweinsauce die eiskalten Butterflöckchen geben und mit dem Mixstab aufmixen. Anrichten.

Fuscha von Kohlrabi und Schwarzwurzeln mit Curry-Vinaigrette

1 Kohlrabi (groß)
2 Schwarzwurzeln
1 Rettich
Salz und weißer Pfeffer, Zitronensaft
etwas Wasabi (gewürzter und geriebener Meerrettich) oder Paprikapaste (Reformhaus)
200 g Filet von der Dorade
Lauch zum Verschnüren

Vinaigrette
4 EL Distelöl
2 EL Weißweinessig
1 EL trockener Sherry (Fino)
½ TL Hot Curry

Das Gemüse waschen und schälen. Rettich in Julienne schneiden, Kohlrabi in sehr dünne Platten, Schwarzwurzeln in Stücke von ca. 6 cm schneiden. Die Schwarzwurzeln im Einsatz des Schnellkochtopfes (3,5 l) mit einer Tasse Wasser 5 Minuten weich kochen. Würzen mit Salz, Pfeffer und etwas Zitronensaft. Auf ein Kohlrabi (roh und sehr dünn) wenig Paste streichen. Das dünn filierte und gewürzte rohe Doradefilet auflegen. Wiederum sehr dünn mit Paste bestreichen, zwei Stücke Schwarzwurzel auflegen und das ganze zu einer Rolle formen. Mit einem dünnen Streifen Lauch zusammenbinden.
Die Enden der Rolle gerade schneiden. Die Vinaigrette aus den Zutaten und dem Curry zubereiten. Die Rettichjulienne auf einem Teller verteilen und die halbierte Rolle daraufsetzen. Mit der Vinaigrette überziehen.

◁ Tiefseegarnelen in Chianti mit Petersilienwurzel

Hausgemachte Tortellini auf Berg-Linsen und Löwenzahnsauce

Nudelteig
90 g Weizenmehl
10 g Hartweizenmehl
1 EL Olivenöl
1 Ei
½ Eigelb
Salz

Berglinsen
200 g Berglinsen
20 g Butter
1 Sardelle
2 Kapern
Zitronenschale
½ Knoblauchzehe
¼ l Geflügelfond (siehe Seite 37)
1 Schalotte

Füllung der Tortellini
150 g gehackter und blanchierter Spinat
150 g Ricotta (ital. Frischkäse)
30 g geriebener Parmesan
½ Knoblauchzehe
Salz

Löwenzahnsauce
1–2 Stauden junger Löwenzahn
20 g Butter
½ Schalotte
2 cl Geflügelfond (siehe oben)
5 cl Crème fraîche
Salz

Den Nudelteig aus den Zutaten herstellen und gut durchkneten.
Die Berglinsen (sie müssen nicht eingeweicht werden) im Schnellkochtopf in Butter anschwenken, sämtliche Zutaten dazugeben und auf Stufe 1 schonend (ca. 5 Minuten) garen.
Die Zutaten der Füllung vermengen und mit Salz abschmecken.
Für die Sauce den Löwenzahn waschen und fein schneiden. In Butter mit fein geschnittener Schalotte andünsten, mit Geflügelfond ablöschen und um die Hälfte einkochen lassen. Die Crème fraîche dazugeben, nochmals um die Hälfte einkochen. Die Sauce durch ein Sieb passieren, abschmecken.
Den Teig für die Tortellini dünn ausrollen, mit runden Förmchen ausstechen, etwas Füllung auf die runden Teigplätzchen geben und zu Tortellini-Hörnchen formen. In 1,5 l kochendes Salzwasser legen und ca. 8 Minuten ziehen lassen.

Anrichten
Die Linsen erwärmen und anrichten, die Tortellini dazusetzen und mit der gut aufgemixten Sauce, in die man noch wenig gezupfte und blanchierte Löwenzahnspitzen gibt, übergießen.

Hausgemachte Tortellini auf Berg-Linsen ▷
und Löwenzahnsauce, s.o.

Getrüffelter Kartoffelsalat mit Streifen von Taubenbrust

300 g festkoch. Kartoffeln (z. B. Grenaille)
4 EL Olivenöl extra vergine
2 EL Sherry-Essig
1 Bd Schnittlauch und 1 Bd Petersilie
1 kleine Knoblauchzehe
1 kleine Trüffel und etwas Trüffelsaft
⅛ l Tauben- od. Geflügelfond (s. S. 37, 51)
2 ausgelöste Taubenbrüste

In den Schnellkochtopf eine Tasse Wasser geben, leicht salzen, und den Siebeinsatz hineinstellen. Die gewaschenen Kartoffeln daraufgeben. Die Flüssigkeit kurz aufkochen, den Deckel schließen, kurz abdampfen lassen und die Stufe 1 (Biostufe) einstellen. Die Garzeit beträgt je nach Größe 8–9 Minuten. Nach der Garzeit den Schnellkochtopf abdampfen und öffnen. Die Kartoffeln kurz unter kaltem Wasser abschrecken und bereitstellen. Die Vinaigrette mit Öl und Essig, den Kräutern und dem Trüffelsaft herstellen. Die Trüffel in feine Scheiben schneiden und zur Vinaigrette geben.
Den Taubenfond in den Schnellkochtopf geben und den Siebeinsatz einsetzen. Die Taubenbrüste in den Einsatz legen. Die Flüssigkeit kurz aufkochen lassen, den Deckel schließen, kurz abdampfen lassen und die Stufe 1 (Biostufe) einstellen. Die Garzeit beträgt 2–3 Minuten.
Nach der Garzeit den Topf abdampfen und öffnen. Die Taubenbrüste herausnehmen und in einem tiefen Teller warmstellen. Mehrmals wenden.

Anrichten

Die Kartoffeln pellen und in Scheiben schneiden. Auf Teller verteilen und mit der Vinaigrette beträufeln. Die Trüffelscheiben darauf legen.
Die Taubenbrüste in sehr dünne Scheiben schneiden und in dem Taubenfond wenden. Die Scheiben zum Kartoffelsalat legen und garnieren. Servieren.

Penne mit Kutteln und weißen Trüffeln

350 g Kutteln (in feine Streifen geschnitten)
2 Schalotten
1 Knoblauchzehe
etwas trockener Weißwein
2 dl Geflügelfond (siehe Seite 37)
etwas süße Sahne
Salz und Pfeffer
200 g Penne-Nudeln (rot)
1 weiße Trüffel, frisch (Saison)
1 Bd Blattpetersilie

Die Kutteln im Schnellkochtopf (3,6 l) in Olivenöl mit Schalotten und Knoblauch anschwenken, mit Weißwein ablöschen und den Geflügelfond aufgießen. Die Flüssigkeit kurz aufkochen lassen, den Deckel schließen, kurz abdampfen und öffnen.
Die Flüssigkeit sollte fast gänzlich eingekocht sein. Wenn nicht, noch kurz kochen lassen. Mit der Sahne auffüllen und würzen.
Die Penne-Nudeln (ca. 5 Minuten) al dente kochen, abschrecken und zu den Kutteln geben und durchrühren.

Anrichten

Die Penne in vorgewärmtem, tiefen Teller anrichten, weiße Trüffel darüberhobeln und mit gehackter Blattpetersilie bestreuen.

Penne mit Kutteln und weißen Trüffeln, s.o. ▷

Gebeizter und rosa pochierter Rehrücken mit marinierten Pilzen

320 g Rehrücken (filiert und pariert)
100 g Pilze (Mousserons = Maipilz, Träuchlinge, Mairitterlinge etc.)
2 cl Sherry fino und 1 EL Sherry-Essig
2 EL Distelöl

Marinade
100 g Gelee aus Rehknochen und Kalbsknochen (siehe Seite 33, 43)
⅛ l kräftiger Rotwein (Rhône)
1 kleines Mirepoix aus Karotte, Lauch, Sellerie, Zwiebel
1 Bouquet garni aus Salbei, Estragon, Knoblauch, Lorbeer, Piment, Wacholder
etwas Salz

Die Marinade aus den Zutaten (1–5) zubereiten und den Rehrücken darin über Nacht ziehen lassen. Die gewaschenen Abschnitte von den Pilzen dazugeben.
Die Pilze putzen und waschen. Die in Scheiben geschnittenen Pilze mit dem Sherry, dem Essig und dem Öl marinieren und bereitstellen.
Die Marinade in den Schnellkochtopf (2,8 l) geben, den Siebeinsatz hineingeben. Den Rehrücken darauflegen. Die Flüssigkeit kurz aufkochen lassen, den Deckel schließen, kurz abdampfen lassen und die Stufe 1 (Biostufe) einstellen. Die Garzeit beträgt je nach Stärke des Rehrückens 1,8 bis 2 Minuten.
Nach der Garzeit den Schnellkochtopf abdampfen und öffnen. Den Rehrücken herausheben und gut ruhen lassen (ca. 8–10 Min).

Anrichten
Die marinierten Pilze abtropfen und in die Mitte des Tellers legen. Den Rehrücken tranchieren und dazulegen. Mit der Pilzmarinade beträufeln. Dazu reicht man ein Chutney von Kräutern oder Früchten.

◁ Gebeizter und rosa pochierter Rehrücken mit marinierten Pilzen, s. o.

Das Beste vom Reh auf Linsen mit Limonen

100 g Linsen
2 Schalotten
1 gehackte Sardelle
½ TL gehackte Kapern
1 Knoblauchzehe
1 Bd frischer Majoran
40 g Butter
¼ l Geflügelfond (siehe Seite 37)
Salz und Pfeffer
¼ l trockener Weißwein
2 cl Noilly Prat
80 g Butter
2 Limonen (1 ausgepreßt, 1 in Filets geteilt)
400 g Rehleber, evtl. Wildfond (s. Seite 43)

Die Linsen im Schnellkochtopf (3,6 l) mit einer gehackten Schalotte, der Sardelle, den Kapern, dem Knoblauch und dem gezupften Majoran in Butter anschwenken. Mit dem Geflügelfond aufgießen. Die Flüssigkeit erhitzen. Mehrmals gut abschäumen. Die Flüssigkeit kurz aufkochen lassen, den Deckel schließen, kurz abdampfen lassen und die Stufe 1 (Biostufe) einstellen. Die Garzeit beträgt 8 Minuten. Nach der Garzeit den Schnellkochtopf abdampfen und öffnen. Die Linsen abschmecken und bereitstellen.
Für die Sauce eine Beurre blanc zubereiten, indem man den Weißwein und den Noilly Prat mit einer gehackten Schalotte gut einkochen läßt und mit Butter aufschlägt. Mit Limonensaft würzen. Limonenfilets zur Garnitur aufheben.
Die Rehleber in Scheiben schneiden, in den Einsatz legen und im Schnellkochtopf (3,6 l) vorzugsweise über Wildfond (siehe Seite 43), Stufe 1 (Biostufe), dünsten. Die Garzeit beträgt 1–2 Minuten.

Anrichten
Die Linsen auf warmen Tellern anrichten, die gewürzte Leber auflegen und mit Limonenfilets garnieren.

Gemüsecreme mit Albatrüffeln, Pecorino und Hummer

300 g Petersilienwurzeln
100 g Weißes vom Lauch
0,8 l Geflügelfond (siehe Seite 37)
Salz und weißer Pfeffer aus der Mühle
2 EL geschlagene Sahne
200 g Hummerschwänze oder
ggf. Krebsschwänze
1 schöne weiße Albatrüffel
100 g harter Pecorino-Käse*
verschiedene gezupfte Kräuter

Das Gemüse putzen und in Würfel schneiden. In den Schnellkochtopf ohne Siebeinsatz geben und den Geflügelfond aufgießen. Die Flüssigkeit kurz aufkochen lassen, den Deckel schließen, kurz abdampfen lassen und die Stufe 1 (Biostufe) einstellen. Die Garzeit beträgt 8 Minuten. Nach der Garzeit den Schnellkochtopf abdampfen und öffnen. Den ganzen Inhalt gut mixen. Würzen mit Salz und weißem Pfeffer aus der Mühle. Geschlagene Sahne unterheben.
Hummerschwänze teilen und erwärmen (ggf. Krebsschwänze) und in heißen tiefen Tellern anrichten. Die Suppe aufgießen, die Trüffel darüberraspeln, den fein geschnittenen Pecorino dazugeben und mit verschiedenen gezupften Kräutern wie Kerbel, Anis und Fenchelkraut garnieren.

---

* Pecorino-Käse können aus einer Milchart oder Milchmischungen auf verschiedenste Art hergestellt werden. Mittel- und Süditalien sowie Sardinien und Sizilien sind die Hauptlieferanten. Unterschiedliche Reifegrade bringen verschiedene Geschmacksnuancen. Der mittelreife Pecorino toscano hat einen zartsüßlichen Geschmack.

Leichte Kartoffelschaumsuppe mit Kalbsbriesnüßchen und Krebsen

⅛ l trockener Weißwein
6 cl Noilly Prat
1 Schalotte
0,8 l Geflügelfond (siehe Seite 37)
400 g mehlige Kartoffeln
1 Kalbsbries (400 g)
1 Mirepoix von Möhren, Lauch, Sellerie, Zwiebel
1 kleines Bouquet garni
1 Bd frischer Majoran
8 Krebse
1 Bd frischer Kerbel
2 EL geschlagene Sahne

In den Schnellkochtopf den Weißwein und den Noilly Prat mit ½ gehackten Schalotte geben. Mit dem Geflügelfond auffüllen und die Kartoffeln (geschält und gewaschen) dazugeben.
Die Flüssigkeit kurz aufkochen lassen, den Deckel schließen, kurz abdampfen lassen und die Stufe 1 (Biostufe) einstellen. Die Garzeit beträgt 12 Minuten. Nach der Garzeit den Schnellkochtopf abdampfen und öffnen. Das Kalbsbries enthäuten und in kaltem Wasser ca. eine Stunde wässern. Inzwischen für den Ansatz das Mirepoix und das Bouquet garni mit dem Majoran in den Schnellkochtopf geben und auf Stufe 1 ca. 9 Minuten garen. Den Topf abdampfen lassen, öffnen und das Kalbsbries im Einsatz dazugeben. Auf Stufe 1 (Biostufe) in 4 Minuten garen.
Die Krebse im kochenden Salzwasser garen und auslösen. Den Kerbel in Blättchen und das Kalbsbries zu Nüßchen zupfen.
Die Suppe gut mixen und durchpassieren. Nachschmecken und die Schlagsahne dazugeben.

Anrichten

Die Einlage erwärmen und in tiefe Teller legen. Die Suppe bei Tisch einfüllen.

Leichte Kartoffelschaumsuppe mit Kalbsbriesnüßchen und Krebsen, s.o. ▷

Leichte Kresseschaumsuppe mit Rouladen von Lachsforelle und Zander

1 Bd Kresse (vorzugsweise Bachkresse)
1 Schalotte
Mirepoix von Möhren, Lauch, Sellerie, Zwiebel
etwas Butter
0,1 l trockener Weißwein
½ l Gemüse- od. Geflügelfond (siehe S. 37)
0,2 l frische Sahne
2 Lachsforellen-Filets
2 Zander-Filets
Küchenkräuter nach Wahl
Salz und Schnittlauch
einige Blätter Bachkresse
Zitronensaft
1 Schuß Weißwein

Kresse, Schalotte, Mirepoix mit etwas Butter im Schnellkochtopf anschwenken, ablöschen mit dem Weißwein und mit dem Fond und der Sahne auffüllen. Die Flüssigkeit kurz aufkochen lassen, den Deckel schließen, kurz abdampfen lassen und die Stufe 1 (Biostufe) einstellen. Die Garzeit beträgt 9 Minuten. Nach der Garzeit den Schnellkochtopf abdampfen und öffnen.
In der Zwischenzeit die Fischfilets in dünne Schnitzel schneiden. Nicht würzen, sondern nur mit ein paar wenigen Küchenkräutern nach Wahl bestreuen. Mit einer Klarsichtfolie zusammenrollen und gut zudrehen. Sehr kühl stellen.
Den Inhalt des Schnellkochtopfes sehr gut durchmixen. Danach durch ein Haarsieb passieren. Für eine schöne grüne Farbe etwas frische Bachkresse mitzerkleinern. Abschmecken mit Salz, Zitronensaft und etwas Weißwein.
Die gekühlte Fischroulade in dünne Scheiben schneiden, in tiefe Teller legen und diese im Ofen kurz warm stellen. Die Suppe separat servieren.

◁ Leichte Kresseschaumsuppe mit Roulade von Lachsforelle und Zander, s.o.

Leichte Kichererbsenschaumsuppe mit Rougets und Langoustines

100 g Kichererbsen (aus dem Reformhaus)
2 l Geflügelfond (siehe Seite 37)
1 helles Mirepoix aus Sellerie, Lauch, Zwiebeln
4 cl Cidre
2 kleine Rougets (Rötlinge)
12 Langoustines
etwas Basilikum-Pesto (Feinkostgeschäft)
oder 1 Bd Basilikum
2 Knoblauchzehen
1 EL Pinienkerne
ein paar Tropfen Olivenöl
2 Eigelb zum Legieren
50 g Butter
2 EL geschlagene Sahne

Die Kichererbsen über Nacht einweichen. Dann das Einweichwasser abgießen, die Kichererbsen mit 1½ l Geflügelfond im Schnellkochtopf 40 Minuten sehr weich dünsten und pürieren.
Das Mirepoix zusammen mit dem Cidre und dem Kichererbsenpüree in den Schnellkochtopf geben und mit ½ l Geflügelfond auffüllen. Die Flüssigkeit kurz aufkochen lassen, den Deckel schließen, kurz abdampfen lassen und die Stufe 1 (Biostufe) einstellen. Die Garzeit beträgt 8–10 Minuten. Nach der Garzeit den Schnellkochtopf abdampfen und den Topf öffnen.
In der Zwischenzeit die Rougets filetieren und die Langoustines vorbereiten. Für das Pesto Basilikum, Knoblauch und Pinienkerne mit wenig Olivenöl im Mörser zerstoßen.
Den Inhalt des Schnellkochtopfs gut durchmixen und durch ein Sieb passieren. Je nach gewünschter Konsistenz kann man die Suppe noch legieren.
Rougets und Langoustines braten, in tiefen Tellern anrichten und garnieren.
Die geschlagene Sahne unter die Suppe heben und in einer Terrine servieren. Das Pesto entweder getrennt dazureichen oder auf den Fisch geben.

Leichte Petersilienwurzelschaumsuppe mit Eglifilets und Julienne

800 g Petersilienwurzeln
1 Schalotte, gehackt
1 Mirepoix aus Lauch, Sellerie, Zwiebeln
2 EL Butter
0,1 l trockener Weißwein
½ l Gemüsebrühe
12 Eglifilets
40 g Butter
1 EL Kräuter nach Wahl, feingehackt
0,2 l frische Sahne
Salz und Zitronensaft
1 Schuß Weißwein
2 EL Gemüsejulienne
2 EL geschlagene Sahne

Petersilienwurzeln waschen, putzen, schälen und kleinschneiden. Mit der Schalotte, dem Mirepoix und etwas Butter im Schnellkochtopf anschwenken, ablöschen mit dem Weißwein, und mit der Gemüsebrühe auffüllen. Die Flüssigkeit kurz aufkochen lassen, den Deckel schließen, kurz abdampfen lassen und die Stufe 1 (Biostufe) einstellen. Die Garzeit beträgt 12 Minuten. Nach der Garzeit den Schnellkochtopf abdampfen und öffnen.
In der Zwischenzeit die Fischfilets waschen, trocknen und mit Butter in der Pfanne kurz garen. Nicht würzen sondern nur mit ein paar wenigen Küchenkräutern nach Wahl bestreuen. Die Filets bereitstellen.
Den Inhalt des Schnellkochtopfs insgesamt sehr gut durchmixen, passieren und die frische Sahne dazugießen. Kurz durchkochen. Abschmecken mit Salz, Zitronensaft und etwas Weißwein.

Anrichten

In einem tiefen Teller die Eglifilets anrichten und mit der Gemüsejulienne garnieren. Die Suppe mit dem Stabmixer nochmals aufmixen und etwas geschlagene Sahne unterheben. Die Suppe wird getrennt serviert und bei Tisch auf die Eglifilets gegeben.

Leichte Linsenschaumsuppe mit Entenleber und Pfifferlingen

200 g Linsen (gewaschen)
30 g Butter
1 Schalotte
1,2 l Geflügelfond (siehe Seite 37)
1 TL Majoran
1 TL gehackte Kapern
1 TL gehackte Sardellen
1 TL geriebene Zitronenschale
1 TL gehackter Knoblauch
1 TL Thymian und Rosmarin
Salz, Pfeffer
2 EL Weißweinessig
4 Entenlebern
100 g Pfifferlinge, 1 gehackte Schalotte
20 g Butter
1 TL gehackte Petersilie
1 Bd frischer Kerbel
2 EL geschlagene Sahne

Die Linsen im Schnellkochtopf mit Butter und gehackter Schalotte anschwenken. Mit dem Geflügelfond ablöschen und die restlichen Zutaten, einschließlich Rosmarin, hinzugeben. Die Flüssigkeit kurz aufkochen lassen, den Deckel schließen, kurz abdampfen lassen und die Stufe 1 (Biostufe) einstellen. Die Garzeit beträgt 4–6 Minuten.
Nach der Garzeit den Schnellkochtopf abdampfen und öffnen. Den Inhalt im Mixer fein pürieren und passieren. Mit Salz, Pfeffer und Essig würzen.
Die Lebern mit den geputzten und geschnittenen Pfifferlingen in Butter, mit gehackter Schalotte, garen. Würzen mit Salz und Petersilie.

Anrichten

In einem warmen tiefen Teller die fächerartig aufgeschnittene Leber mit den Pfifferlingen und etwas Kerbel anrichten. Unter die Suppe noch etwas geschlagene Sahne heben und dazu servieren.

Leichte Linsenschaumsuppe mit Entenleber ▷
und Pfifferlingen

Fischfond

1 kg gewaschene Gräten von Steinbutt, Seezunge etc. (gibt's beim Fischhändler)
etwas Öl
⅜ l Weißwein (trocken)
2 cl Noilly Prat
1 Mirepoix von Möhren, Lauch, Sellerie, Zwiebel
1 Bouquet garni mit Knoblauch, Estragon und Dill
1 TL Pernod
½ TL Safranfäden

Die Fischgräten im Schnellkochtopf mit Öl kurz anschwenken, mit dem Weißwein und Noilly Prat ablöschen. Sämtliche anderen Zutaten hinzugeben und mit Wasser ca. ¾ auffüllen. Aufkochen lassen und mehrmals gut abschäumen. Die Flüssigkeit nochmals kurz aufkochen lassen, den Deckel schließen, kurz abdampfen lassen und die Kochstufe 2 einstellen. Die Garzeit beträgt 9 Minuten.
Nach der Garzeit den Schnellkochtopf abdampfen und öffnen. Den Fond passieren und bis zur Verwendung kühl aufbewahren.

Junge Lachsforelle mit Aromaten in der Folie, Beurre Blanc

4 junge Lachsforellen (küchenfertig)
1 cl Olivenöl
1 cl Walnußöl
1 cl Knoblauchöl
Salz, Pfeffer, etwas Paprika
1 Bd Thymian
1 Bd Rosmarin
1 TL gestoßener Koriander
1 TL Salbei
¼ l Fischfond
1 EL Butter
1 Handvoll Fenchelgrün (oder 2 Bund Dill)
4 cl trockener Weißwein

Die Lachsforellen ausspülen. Ein Würzöl aus den Zutaten (einschließlich Salbei) zubereiten. Die Forellen innen und außen damit gut einpinseln. Den Fischfond in den Schnellkochtopf (5 l) geben. Die Forellen mit dem Fenchelgrün und dem Weißwein in gebutterte Alufolie packen. In den Einsatz setzen. Den Einsatz in den Topf stellen. Die Flüssigkeit kurz aufkochen lassen, den Deckel schließen, kurz abdampfen lassen und die Kochstufe 2 einstellen. Die Garzeit beträgt 14 Minuten. Nach der Garzeit den Schnellkochtopf abdampfen und öffnen.

Anrichten

Die Folientaschen ausheben (ggf. Garungszustand überprüfen) und geschlossen servieren. Dazu reicht man eine feste Beurre Blanc: Wein mit wenig Essig und fein gehackter Schalotte einkochen, mit eiskalten Butterstückchen aufschlagen. Mit Salz und einem Spritzer Wein abschmecken.

Junge Lachsforelle mit Aromaten in der Folie, ▷
Beurre blanc, s.o.

Lachsforellenfilet im Mangoldblatt in Rieslingsauce

1 Lachsforelle
(Lebendgewicht ca. 1,2–1,4 kg)
1 Bund Mangold (ca. 300 g)
Salz und Pfeffer
1 Schalotte
1 Bd Schnittlauch
3 EL Fischfarce
¼ l Fischfond (siehe Seite 22)
5 cl Elsässer Riesling
2 cl Noilly Prat
1 dl Crème fraîche
20 g Sauerrahmbutter
1 EL gehackte Schalotte
2 EL Küchenkräuter, fein gehackt

Die Lachsforelle filieren und die Gräten ziehen. Den Mangold entblättern und waschen. Im Schnellkochtopf (3,6 l) im Siebeinsatz mit einer Tasse Wasser in 1,5 Minuten knackig dünsten. Mit Salz und weißem Pfeffer aus der Mühle sowie etwas gehackter Schalotte und Schnittlauch würzen.
Auf einem sauberen Tuch die Hälfte der Mangoldblätter auslegen und mit dem Wellholz flach walzen. Die Blätter mit Fischfarce bestreichen (die man aus den Filierabgängen der Lachsforelle im Mixer mit etwas Sahne zubereitet) und darauf das Fischfilet legen. Man achte darauf, daß der Fisch und das Mangoldblatt möglichst rechteckig und beidseitig von gleicher Stärke sind.
Nun alles vorsichtig zu einer Rolle formen und diese in eine Alufolie einpacken. Fischfond in den Schnellkochtopf gießen. Den Einsatz hineinstellen. Das Fischfilet darauflegen. Die Flüssigkeit kurz aufkochen lassen, den Dekkel schließen, kurz abdampfen lassen und die Stufe 1 (Biostufe) einstellen. Die Garzeit beträgt 4 Minuten. Nach der Garzeit den Schnellkochtopf abdampfen und öffnen. Das Gargut herausnehmen.
Kurz ruhen lassen und in gleichmäßige dicke Scheiben schneiden. Für die Rieslingsauce Elsässer Riesling und Noilly Prat mit der restlichen ½ gehackten Schalotte fast gänzlich einkochen. Mit der Crème fraîche auffüllen und kurz aufkochen lassen. Würzen.
Den restlichen Mangold grob schneiden, in Butter mit etwas Schalotte anschwenken und mit Küchenkräutern würzen.

Anrichten
Das Mangoldgemüse auf einen Teller arrangieren, die Forellenstücke dazulegen und mit der Sauce überziehen. Mit Kapuzinerkresse oder ähnlichem garnieren.

Lachsforellenfilet im Mangoldblatt in Rieslingsauce, s.o. ▷

Lottemedaillons mit Birnenperlen und Gänseleber in Sauce Ventoux

600 g Lottefilet
2 Birnen (Kaiser oder Williams)
120 g Gänsestopfleber
Salz und Pfeffer
1 Schalotte
1 Bd Kerbel
¼ l Fischfond (siehe Seite 22)
4 cl Champagner
1 EL Zitronensaft
2 cl Sherry-Essig
¼ l dunkler trockener Rotwein (Côtes du Ventoux, aus dem Anbaugebiet Côtes du Rhône)
4 cl roter Portwein
1 TL gehackte Schalotte
150 g Butter
Kerbel zum Garnieren

Das Lottefilet gut parieren und in Medaillons schneiden. Schöne Birnen aussuchen und mit einem kleinen Parisiennes-Ausstecher Perlen ausstechen.
Die Gänsestopfleber in Würfel schneiden, pro Person ca. 30 g, und in das Gefrierfach stellen.
Die Birnenperlen in einer knappen Mischung von Butter und wenig Wasser garen, würzen mit wenig Salz und weißem Pfeffer, etwas gehackter Schalotte und Kerbel.
Den Fischfond, sowie Champagner und Zitronensaft in den Schnellkochtopf geben. Den Einsatz hineinstellen. Die Lottemedaillons darauflegen. Die Flüssigkeit kurz aufkochen lassen, den Deckel schließen, kurz abdampfen lassen und die Stufe 1 (Biostufe) einstellen. Die Garzeit beträgt 2 Minuten. Nach der Garzeit den Schnellkochtopf abdampfen und öffnen. Das Gargut herausnehmen.
Die Gänsestopfleberwürfel aus dem Gefrierfach nehmen und in der Pfanne mit sehr wenig Fett schwenken, mit Salz und Pfeffer gut würzen und mit Sherry-Essig ablöschen (ggf. mit etwas Entenglace [siehe Seite 44] glacieren).
Den Rotwein mit dem Portwein und gehackter Schalotte fast gänzlich einkochen. Am Herdrand die Butter in die Reduktion einrühren und würzen.

Anrichten

In die Mitte eines Tellers die Lottemedaillons legen, die Gänsestopfleberwürfel darüberstreuen und die Birnenperlen darumlegen. Zum Abschluß die Sauce Ventoux rundum angießen. Mit Kerbel und Borretschblüten garnieren.

◁ Lottemedaillons mit Birnenperlen und Gänseleber in Sauce Ventoux, s. o.

Rougets (Barbets) auf kleiner Ratatouille in Chablis

Olivenöl
je 1 rote, gelbe, grüne Paprika
1 Aubergine
2 Artischockenböden
1 Zucchini
Salz und Pfeffer
1 TL Provencekräuter, getrocknet
wenige Tropfen Knoblauchöl
1 Schalotte
1 kleine Flasche Tomatensaft
4 EL Tomates concassées
(gewürfeltes Tomatenfleisch)
1 Bd Basilikum
⅜ l Fischfond (siehe Seite 22)
4 cl Noilly Prat
¼ l Chablis
¼ l frische Sahne
8 kleine Filets von Rougets,
auch Barbets genannt (Rötlinge)

In den Schnellkochtopf (3,6 l) etwas Olivenöl geben und darin die gewürfelten Paprika, Aubergine, Artischocken und Zucchini anschwenken, salzen und pfeffern, die Provencekräuter dazugeben, mit wenigen Tropfen Knoblauchöl beträufeln, etwas gehackte Schalotte hinzufügen. Mit dem Tomatensaft ablöschen. Auf der Stufe 1 (Biostufe) 2 Minuten dünsten. Öffnen und das gewürfelte Tomatenfleisch unterheben. Etwas gehacktes Basilikum dazugeben.

¼ l Fischfond mit dem Noilly Prat, dem Chablis und etwas gehackter Schalotte fast gänzlich einkochen und die frische Sahne dazugeben. Bis zur gewünschten Bindung einkochen. Abschmecken mit Salz und etwas Chablis. Passieren und bereitstellen.

In den Schnellkochtopf (3,6 l) den restlichen Fischfond gießen. Den Einsatz mit den Fischfilets hineinstellen. Die Flüssigkeit kurz aufkochen lassen, den Deckel schließen, kurz abdampfen lassen und die Stufe 1 (Biostufe) einstellen. Die Garzeit beträgt 1 Minute. Nach der Garzeit den Schnellkochtopf abdampfen und öffnen. Das Gargut bereitstellen.

Anrichten

Die Ratatouille auf warmen Tellern anrichten und die Rougetfilets danebensetzen.
Die Sauce mit dem Stabmixer gut durchmixen und damit die Filets überziehen. Garnieren mit Basilikumblättern.

Rougets (Barbets) auf kleiner Ratatouille in Chablis, s.o. ▷

Muschel-Pot au Feu mit Lottemedaillons und Krebsbutter

200 g verschiedene Muscheln wie Venus, Vongole, Bouchots*
250 g Lottemedaillons
⅛ l trockener Weißwein
2 cl Noilly Prat
¼ l Fischfond (siehe Seite 22)
2 EL frische Sahne
1 kl. Dose Krebsbutter (Feinkostgeschäft)
50 g Lauchjulienne
4 EL Tomates concassées
Salz
1 cl Pernod
einige Safranfäden
1 Bd Fenchelgrün
1 EL Schnittlauch, kleingeschnitten

Im Schnellkochtopf die Muscheln mit den Lottemedaillons kurz scharf andünsten, mit Weißwein und Noilly Prat ablöschen. Mit etwas Fischfond auffüllen, die frische Sahne und 1 EL Krebsbutter hinzufügen. Zum Schluß die Lauchjulienne und die Tomates concassées dazugeben.
Die Flüssigkeit kurz aufkochen lassen, den Deckel schließen, kurz abdampfen lassen und die Stufe 1 (Biostufe) einstellen. Die Garzeit beträgt 1 Minute. Nach der Garzeit den Schnellkochtopf abdampfen und öffnen. Würzen mit Salz, einigen Tropfen Pernod und wenigen Safranfäden.
Lottemedaillons und die Muscheln in die Teller verteilen, den Fond passieren und nochmals gut durchkochen und ggf. noch etwas reduzieren. Das gehackte Fenchelgrün einstreuen und noch etwas Schnittlauch hinzufügen.
Wenn die Sauce schön schaumig sein soll, kann noch etwas frische Butter mit dem Mixstab untergemixt werden. Über die Medaillons und Muscheln geben.

* Bouchots sind kleine Miesmuscheln, die vorzugsweise aus der Bretagne kommen.

Zanderfilet mit jungem Lauch in Sauce Mousseline

600 g Zanderfilet
½ l Fischfond (siehe Seite 22)
400 g Zwiebellauch
1 Schalotte
⅛ l trockener Weißwein
2 cl Noilly Prat
2 EL Crème double
Zitronensaft
Salz
2 EL geschlagene Sahne

Das Zanderfilet in vier Portionen à 150 g teilen und waschen. ¼ l Fischfond in den Schnellkochtopf gießen. Den Einsatz hineinstellen. Die Zanderfilets darauflegen. Die Flüssigkeit kurz aufkochen lassen, den Deckel schließen, kurz abdampfen lassen und die Stufe 1 (Biostufe) einstellen. Die Garzeit beträgt 2 Minuten.
In der Zwischenzeit den Zwiebellauch vorbereiten und knackig blanchieren. Für die Sauce Mousseline den restlichen Fischfond, etwas gehackte Schalotte, den Weißwein und den Noilly Prat um zwei Drittel einkochen lassen. Die Crème double hinzugeben und wiederum bis zur leichten Sämigkeit reduzieren. Würzen mit Salz und Zitronensaft. Zur Moussierung etwas geschlagene Sahne hinzugeben.

Anrichten

Die erwärmten Zwiebellauchstücke auf die Teller legen, die gewürzten Zanderfilets darauf anrichten und mit der Sauce überziehen.

Zanderfilet mit jungem Lauch ▷
in Sauce Mousseline, s.o.

Bordeaux-Lamm, braisiert, mit Austernpilzen

1 Keule vom Bordeaux-Milchlamm (800 g)
3 EL gutes Olivenöl
1 Bouquet garni mit Thymian, Rosmarin, Knoblauch und Piment
1 Mirepoix von Möhren, Lauch, Sellerie, Zwiebel
1 l Kalbsfond
200 g Austernpilze (nur die Köpfe)
50 g Butter
1 Schalotte
Salz und Pfeffer
1 Bd Schnittlauch und Zitronensaft

Für die Vinaigrette
2 cl Erdnuß-Öl
2 cl Sherry-Essig
2 cl trockener Weißwein
wenig Noilly Prat
Salz und weißer Pfeffer aus der Mühle
½ TL Dijonsenf

Die Lammkeule im Schnellkochtopf (7 l) in Olivenöl rundum anbraten. Das Bouquet garni und das Mirepoix hinzugeben. Mit dem Fond aufgießen. Die Flüssigkeit erhitzen. Mehrmals abschäumen. Die Flüssigkeit kurz aufkochen lassen, den Deckel schließen, kurz abdampfen lassen und die Kochstufe 2 einstellen. Die Garzeit beträgt 25 Minuten.
Nach der Garzeit den Schnellkochtopf abdampfen und öffnen. Die Keule herausheben und warmstellen.
In der Zwischenzeit die Vinaigrette aus den Zutaten zubereiten. Die geputzten Austernpilze in Butter mit der gehackten Schalotte anschwenken und garen. Würzen. Mit Schnittlauch bestreuen und mit Zitronensaft abschmecken.
Die Lammkeule aufschneiden und den Fleischsaft zu der Vinaigrette geben. Die einzelnen Scheiben durch die Vinaigrette ziehen und anrichten. Dazu die Austernpilze servieren.

◁ Bordeaux-Lamm mit Austernpilzen, s.o.

Kalbsfond (hell)

2 kg sehr frische Kalbsrückenknochen
2 EL Öl
⅜ l trockener Weißwein
4 cl Noilly Prat
4 cl Sherry (Fino)
1 Mirepoix von Möhren, Lauch, Sellerie, Zwiebel
1 Bouquet garni aus ½ Lorbeerblatt, ½ Nelke
1 Zehe Knoblauch
1 TL Pimentkörner

Die Kalbsrückenknochen im Schnellkochtopf goldbraun mit dem Öl anziehen lassen und mit Weißwein und Noilly Prat ablöschen. Mit dem Sherry aromatisieren. Sämtliche anderen Zutaten zugeben und mit Wasser ¾ auffüllen. Aufkochen lassen und mehrmals gut abschäumen. Die Flüssigkeit nochmals kurz aufkochen lassen, den Deckel schließen, kurz abdampfen lassen und die Kochstufe 2 einstellen. Die Garzeit beträgt 20 Minuten.
Nach der Garzeit den Schnellkochtopf abdampfen und öffnen. Den Fond passieren und bis zur Verwendung aufbewahren.
Für die Zubereitung der **Glace** wird der Fond noch einmal sehr stark eingekocht, bis er dickflüssig ist.

Kalbsfond (dunkel)

Zutaten wie oben, jedoch anstatt Weißwein, Vermouth und Sherry
2 EL Tomatenmark
⅜ l trockener, kräftiger Rotwein
4 cl dunkler Portwein

Die Kalbsrückenknochen im Öl sehr kräftig anrösten, bis sich ein dunkler Bratensatz gebildet hat. Mit Vermouth und Sherry ablöschen, Tomatenmark einrühren, Mirepoix zugeben und gut durchschwenken. Rotwein und Portwein zugießen und weiter verfahren wie oben beschrieben.

Rosa Kalbsfilet in Elsässer Tokajersauce mit gedünstetem Frisée

600 g Kalbsfilet (Mittelstück)
1 Frisée-Salat
½ l heller Kalbsfond oder Geflügelfond (siehe Seite 33, 37)
Salz, schwarzer Pfeffer aus der Mühle
100 g Butter
1 Schalotte, gehackt
1 TL Crème fraîche
1 Zitrone
4 cl Tokay d'Alsace
2 cl Noilly Prat
1 Schalotte
4 EL Crème fraîche
20 g Butter

Aus einem Kalbsfilet das Mittelstück auslösen und von Haut und Fett befreien.
Den Frisée-Salat putzen und die gelben bis weißen Blätter in gut warmem Wasser waschen und mindestens ½ Stunde in warmem Wasser liegen lassen.
In den Schnellkochtopf (3,8 l) ¼ Liter des Geflügelfonds gießen. Den Einsatz mit dem Kalbsfilet hineinstellen. Die Flüssigkeit kurz aufkochen, den Deckel schließen, kurz abdampfen lassen und die Kochstufe 2 einstellen. Die Garzeit beträgt 4 bis 6 Minuten.
Nach der Garzeit den Schnellkochtopf abdampfen und öffnen. Das Gargut bereitstellen. Nach einer Ruhepause das Kalbsfilet gut mit Salz und schwarzem Pfeffer aus der Mühle würzen, in schäumender Butter von allen Seiten leicht bräunen. Warmstellen.

Frisée-Salat

In der Zwischenzeit den Frisée kleinzupfen und in wenig Butter, gehackter Schalotte und einem TL Crème fraîche anschwenken. Würzen mit Salz und Zitronensaft. Die Crème sollte nun soweit eingekocht sein, daß sie den Salat leicht bindet.

Sauce

Für die Sauce eine Reduktion aus Tokajer und Noilly Prat mit wenig gehackter Schalotte herstellen, einkochen lassen, mit Geflügelfond (1 dl) auffüllen, um die Hälfte einkochen lassen, mit Crème fraîche binden und mit der Butter aufschlagen. Abschmecken und mit etwas Tokajer abrunden.

Anrichten

Das Kalbsfilet in ca. 1 cm starke Scheiben schneiden, einen Löffel vom Frisée auf den Teller setzen und das Kalbsfilet darum legen. Unter die Sauce, die gut durchgemixt sein sollte, ggf. einen Löffel geschlagene Sahne heben und die Fleischscheiben damit überziehen.

Scheiben vom Kalbsherz mit Wacholderbirne in Sherry

1 Kalbsherz (ca. 300 g)
2 Birnen, Zitronensaft
1 TL Wacholderbeeren, 2 cl Gin
⅛ l trockener Rotwein
4 cl dunkler Portwein
¼ l dunkler Geflügelfond
Salz und weißer Pfeffer
1 EL Pfeilwurzelmehl, 2 cl Sherry
¼ l heller Geflügelfond
1 EL Butter
4 EL trockener Weißwein

Das Kalbsherz teilen und von Sehnen und Knorpeln befreien. Die Birnen schälen und in Schnitze schneiden. In Zitronenwasser mit zerdrückten Wacholderbeeren und Gin einlegen.
Für die Sherrysauce den Rotwein und den Portwein fast gänzlich einkochen lassen, mit dem Geflügelfond auffüllen und wiederum um die Hälfte einkochen. Abschmecken und mit dem Pfeilwurzelmehl, mit dem Sherry angerührt, binden.
Im Schnellkochtopf den hellen Geflügelfond erhitzen. Den Einsatz hineinstellen. Das Kalbsherz darauflegen. Die Flüssigkeit aufkochen, den Deckel schließen, kurz abdampfen lassen und die Kochstufe 2 einstellen. Die Garzeit beträgt ca. 3 Minuten.
In der Zwischenzeit die Birnen mit etwas Butter und Weißwein nur eben weich dünsten. Sie sollen noch einen zarten Biß haben.
Nach der Garzeit den Schnellkochtopf abdampfen und öffnen. Das Kalbsherz herausheben und warmstellen. Es muß ca. 4–5 Minuten ruhen.
Nun das Kalbsherz in dünne Scheiben schneiden und mit Salz und weißem Pfeffer aus der Mühle würzen.
Auf einem warmen Teller das Herz fächerartig auflegen, mit der Sauce überziehen und die Birnen dazulegen.

◁ Scheiben vom Kalbsherz mit Wacholderbirnen in Sherry, s.o.

Geflügelfond (dunkel und Glace)

1 gute Poularde (ca. 1200 g)
2 EL Öl
1 Mirepoix aus Möhren, Lauch, Sellerie, Zwiebel
⅜ l dunkler kräftiger Rotwein
6 cl Portwein
1 Bouquet garni aus ½ Lorbeerblatt,
½ Nelke, Knoblauch, etwas Piment und Koriander, gestoßen

Die Poularde waschen und in Stücke hacken oder schneiden. Im Schnellkochtopf in dem Öl sehr stark anrösten, bis sich ein dunkler Bratensatz bildet. Das Mirepoix hinzugeben und auch gut anrösten. Mit Rotwein und Portwein ablöschen. Die anderen Zutaten zugeben und mit Wasser ca. ¾ auffüllen. Aufkochen und mehrmals gut abschäumen. Die Flüssigkeit nochmals kurz aufkochen, den Deckel schließen, kurz abdampfen lassen und die Kochstufe 2 einstellen. Die Garzeit beträgt 20 Minuten.
Nach der Garzeit den Schnellkochtopf abdampfen und öffnen. Den Fond passieren und bis zur Verwendung aufbewahren.
Für die Zubereitung der **Glace** wird der Fond noch einmal sehr stark eingekocht, bis er dickflüssig ist.

Geflügelfond (hell)

Zutaten wie oben, jedoch statt Rotwein und Portwein

⅜ l Weißwein
2 cl Noilly Prat

Die Poularde waschen und in Stücke hacken oder schneiden. Im Schnellkochtopf mit dem Öl blond (hell) anschwenken. Mit Weißwein und Noilly Prat ablöschen. Weiter verfahren wie oben.

Ochsenzunge mit Lauchherzen in Apfelrahmsauce Abb. Seite 5

1 kleine ungepökelte Ochsenzunge
1 Prise Pökelsalz
200 g Frühlingszwiebeln (od. junger Lauch)
2 säuerliche Äpfel (Boskop)
⅛ l trockener Weißwein
1 Schalotte, 2 cl Noilly Prat
3 EL Crème fraîche
20 g Butter, 2 cl Cidre
4 EL Tomates concassées
1 Prise Zucker

In den Schnellkochtopf (5 l) ¼ l Wasser gießen. Den Einsatz mit der Ochsenzunge hineinstellen. Die Prise Pökelsalz hinzugeben (fertig gepökelte Zungen sind zu salzig). Die Flüssigkeit kurz aufkochen lassen, den Deckel schließen, kurz abdampfen lassen und die Kochstufe 2 einstellen. Die Garzeit beträgt 32 Minuten. Nach der Garzeit den Schnellkochtopf abdampfen und öffnen. Die Ochsenzunge warmstellen.
Herzen von jungem Lauch (oder besser Zwiebellauch) putzen, waschen und in längere Stücke schneiden. Diese in Butter anschwitzen und würzen.
Einen leicht säuerlichen Apfel schälen, halbieren, entkernen und kleine Kugeln ausstechen (oder tournieren, siehe Seite 7, oder tomates concassées, wie auf der Abb. zu sehen, verwenden). Einen weiteren Apfel zu Apfelmus verarbeiten.
Für die Sauce eine Weißweinreduktion mit der gehackten Schalotte und dem Noilly Prat herstellen, mit der Crème fraîche abziehen und mit der Butter schaumig schlagen. Das Apfelmus hinzugeben, kurz durchmixen und durch ein Sieb passieren. Abschließend mit dem Cidre abschmecken.
Tomates concassées erwärmen oder die tournierten Äpfel in Weißwein mit einer Butterflocke und dem Zucker glacieren.
Die Ochsenzunge in schöne Scheiben schneiden und anrichten. Die Lauchstifte dazulegen und mit der Sauce überziehen. Mit den Tomatenstückchen oder Apfelkugeln garnieren.

Hoher Bug aus der Kalbsschulter in italienischem Sud

1,2 kg Hoher Bug aus der Kalbsschulter
300 g Kalbsrückenknochen
1 Mirepoix aus Karotten, Lauch, Sellerie
1 gespickte Zwiebel (siehe Seite 7)
1 Bouquet garni, 1 TL Salz
2 EL Tomatenmark, wenig Oregano
2 Knoblauchzehen, halbiert
4 EL Tomates concassées
Gemüsejulienne aus Möhre, Lauch und Sellerie und etwas Butter

In den Schnellkochtopf (7 oder 9 l) 5 Liter Wasser geben und aufkochen lassen. Den Bug und die Knochen dazugeben und kurz blanchieren. Herausheben, das Wasser abgießen und neues Wasser in den Schnellkochtopf gießen. Den Bug und die Knochen wieder hineingeben, aufkochen lassen und mehrmals abschäumen. Die anderen Zutaten, außer den Tomaten und der Julienne zugeben.
Die Flüssigkeit kurz aufkochen lassen, den Deckel schließen, kurz abdampfen lassen und die Stufe 1 (Biostufe) einstellen. Die Garzeit beträgt 30 Minuten und nochmals 10 Minuten auf der Kochstufe 2. Nach der Garzeit den Schnellkochtopf abdampfen und öffnen (unbedingt Garprobe machen und ggf. nachgaren).
Tomates concassées erwärmen und die Gemüsejulienne 3–5 Minuten in Butter schwenken. Den Bug anschließend unter fließendem Wasser kurz abschrecken und den Fond passieren und abschmecken.

Anrichten
Den Bug aufschneiden, in tiefen Teller anrichten, den Fond darübergießen, mit Tomates concassées und Gemüsejulienne garnieren. Dazu reicht man am besten geröstetes Weißbrot und eine Sauce Rouille (pürierte Pfefferschoten, Knoblauch, Salz und Pfeffer, gebunden mit Olivenöl, evtl. 1 Eigelb und Weißbrotkrumen).

Hoher Bug aus der Kalbsschulter in ▷
italienischem Sud, s.o.

Tafelspitz mit Weinkräutern

Tafelspitz

1,2 kg Tafelspitz (pariert)
2 Ochsenschwanzscheiben (groß)
Mirepoix von Möhren, Lauch, Sellerie
1 gespickte Zwiebel (siehe Seite 7)
1 TL Piment (zerdrückt)
1 EL Salz

Weinkräuteressenz

1 Bd Estragon, Basilikum, Kerbel, Majoran
0,2 l trockener Weißwein
0,1 l Wasser

Sauce

0,2 l trockener Weißwein
4 cl Noilly Prat
1 Schalotte
¼ l Geflügelfond (siehe Seite 37)
¼ l frische Sahne
Zitronensaft
1 EL Kerbel (gehackt)
Schnittlauch (geschnitten)
2 EL etwas geschlagene Sahne
Salz

Am Vortag die Kräuteressenz herstellen. Die Kräuter in der Wein-Wasser-Mischung leicht köchelnd ausziehen lassen und etwas reduzieren. In ein Glas abfüllen. Diese Essenz kann längere Zeit aufbewahrt werden und dient zur Aromatisierung und für die verschiedensten Saucen.

In den Schnellkochtopf (7 oder 9 l) 5 Liter Wasser gießen und aufkochen. Den Tafelspitz und die Ochsenschwanzscheiben darin kurz blanchieren. Das Kochwasser weggießen, frisches Wasser hineingeben und aufkochen lassen. Den Tafelspitz und die Ochsenschwanzscheiben, sowie das Mirepoix, die gespickte Zwiebel, Piment und das Salz hinzugeben. Mehrmals abschäumen. Den Deckel verschließen und die Stufe 1 (Biostufe) einrasten. Die Garzeit dauert 30 Minuten auf Stufe 1 (Biostufe) und 10 Minuten auf Stufe 2. In der Zwischenzeit für die Sauce eine Reduktion aus Weißwein und Noilly Prat mit der gehackten Schalotte herstellen, mit dem Geflügelfond auffüllen und wiederum ⅔ einkochen lassen. Auffüllen mit der gleichen Menge frischer Sahne. Bis zur gewünschten Bindung einkochen lassen. Zum Abschmecken die Kräuteressenz verwenden, gehackte Kräuter, etwas Zitronensaft und Salz hinzugeben. Die geschlagene Sahne vorsichtig unterziehen.

Nach der Garzeit den Schnellkochtopf abdampfen und öffnen. Den Tafelspitz herausheben und unter kaltem Wasser kurz abschrecken. Den Pochierfond passieren und für andere Zwecke (Brühe etc.) aufbewahren.

Anrichten

Den Tafelspitz aufschneiden und anrichten. Mit der Sauce überziehen. Mit Kräutersträußchen garnieren. Dazu passen sehr gut Salzkartoffeln oder Rösti und frische, knackig gegarte Gemüse.

Tafelspitz mit Weinkräutern, s.o. ▷

Rehrückenfilet aus dem Portweindampf mit warmen Feigen

⅛ l Rehfond
500 g Rehrücken (pariert)
4 cl guter Portwein
etwas Wacholderbeeren
Salz und Pfeffer
etwas Pfeilwurzelmehl (Reformhaus)
4 blaue Feigen

In den Schnellkochtopf den Rehfond gießen. Den Einsatz hineinstellen. Die Rehrückenfilets darauflegen. Die Hälfte des Portweins dazugeben. Die Wacholderbeeren dazulegen. Die Flüssigkeit kurz aufkochen lassen, den Deckel schließen, kurz abdampfen lassen und die Kochstufe 2 einstellen. Die Garzeit beträgt 3–4 Minuten.
Nach der Garzeit den Schnellkochtopf abdampfen und öffnen. Das Gargut herausnehmen. Mit Salz und Pfeffer würzen, in Alufolie einschlagen und warmstellen. Mehrmals wenden.
Den Fond aus dem Schnellkochtopf passieren und um ⅔ einkochen lassen. Das Pfeilwurzelmehl mit dem restlichen Portwein anrühren und damit den Fond binden. Die Feigen ungewürzt darin erwärmen und aufschneiden.

Anrichten
Die Filets auspacken und den Saft zu der Sauce gießen. Nachschmecken. Die Filets tranchieren und mit den Feigen anrichten. Mit der warmen Sauce überziehen.

Rehfond (dunkel, Glace und Consommé)

1 Karkasse* vom Rehrücken
2 EL Öl
2 EL Tomatenmark
⅜ l dunkler trockener Rotwein
2 cl Cognac
4 cl Portwein
1 Mirepoix aus Möhren, Lauch, Sellerie, Zwiebel
1 Bouquet garni mit Lorbeer, Nelke, Wacholder
2 Zehen Knoblauch
Thymian, Rosmarin,
Piment, gestoßen

Den Rehrücken kleinhacken und mit Öl im Schnellkochtopf recht kräftig anrösten, bis sich ein dunkler Bratensatz gebildet hat. Das Tomatenmark hinzufügen und gut durchschwenken. Mit Rotwein, Cognac und Portwein ablöschen. Sämtliche anderen Zutaten zugeben und den Schnellkochtopf mit Wasser ¾ auffüllen. Aufkochen und mehrmals gut abschäumen. Die Flüssigkeit nochmals kurz aufkochen lassen, den Deckel schließen, kurz abdampfen lassen und die Kochstufe 2 einstellen. Die Garzeit beträgt 20 Minuten.
Nach der Garzeit den Schnellkochtopf abdampfen und öffnen. Den Fond passieren und bis zur Verwendung aufbewahren.
Für die Zubereitung der **Glace** wird der Fond noch einmal sehr stark eingekocht, bis er dickflüssig ist.
Will man davon eine **Consommé** herstellen, so wird der Fond mit dem Klärfleisch** des Tieres geklärt.

* (siehe Seite 6)
** (siehe Seite 7)

◁ Rehrückenfilet aus dem Portweindampf mit warmen Feigen

Entenfond (dunkel, Glace und Consommé)

1 Karkasse* von einer schönen Ente
2 EL Öl
2 EL Tomatenmark
1 Mirepoix aus Möhren, Lauch, Sellerie, Zwiebel
1 rote und grüne Paprikaschote
3/8 l dunkler trockener Rotwein
2 cl Cognac
1 cl Portwein
1 Bouquet garni mit Lorbeer, Nelke, Knoblauch, Thymian, Rosmarin, Piment

Die Entenkarkasse kleinhacken und mit Öl im Schnellkochtopf recht kräftig anrösten bis sich ein dunkler Bratensatz gebildet hat. Das Tomatenmark und das Mirepoix sowie die Paprika hinzufügen und gut durchschwenken. Mit Rotwein, Cognac und Portwein ablöschen. Sämtliche anderen Zutaten hinzugeben und den Schnellkochtopf mit Wasser ca. ¾ auffüllen. Aufkochen lassen und mehrmals gut abschäumen. Die Flüssigkeit nochmals kurz aufkochen lassen, den Deckel schließen, kurz abdampfen lassen und die Kochstufe 2 einstellen. Die Garzeit beträgt 20 Minuten.
Nach der Garzeit den Schnellkochtopf abdampfen und öffnen. Den Fond passieren und bis zur Verwendung aufbewahren.
Für die Zubereitung der **Glace** wird der Fond noch einmal sehr stark eingekocht, bis er dickflüssig ist.
Will man davon eine **Consommé** herstellen, so wird der Fond mit dem Klärfleisch** des Tieres geklärt.

* Knochengerüst
** Bauchfleisch und Schenkel

Wildente mit Pappardelle

2 St Wildenten
1 Mirepoix von Möhren, Lauch, Sellerie, Zwiebel
2 EL Olivenöl
⅛ l trockener Weißwein
1 Dose Schältomaten
¼ l Wildentenfond
1 Kräuterbund
300 g Pappardelle (breite Nudeln mit gekerbtem Rand)
1 TL Fenchelsamen
2 EL Parmesan

Die Wildenten mit dem Mirepoix im Schnellkochtopf (5 l) gut mit Olivenöl anbraten, mit Weißwein und den passierten Tomaten ablöschen. Kurz einkochen lassen und mit dem Wildentenfond aufgießen. Die Flüssigkeit kurz aufkochen lassen, den Deckel schließen, abdampfen lassen und die Kochstufe 2 einstellen. Die Garzeit beträgt 20–25 Minuten, je nach Größe. Nach der Garzeit den Schnellkochtopf abdampfen und öffnen.
Mit der Schaumkelle die Enten herausheben und sehr kurz unter kaltem Wasser abschrecken. Das Fleisch in möglichst großen Stücken von den Knochen lösen.
Den Kräuterbund in den Kochfond geben und die Flüssigkeit auf die Hälfte einkochen. In der Zwischenzeit die Pappardelle al dente* kochen.
Die Sauce passieren und evtl. mit Pfeilwurzelmehl binden.
Die Nudeln anrichten, das Entenfleisch in Scheiben danebenlegen und mit der Sauce überziehen. Mit Fenchelsamen und Parmesan bestreuen.

* mit Biß, nicht zu weich.

Wildente mit Papardelle, s.o. ▷

Perlhuhnkükenbrust in Nuß-Vinaigrette mit schwarzem Sesam und Salaten

4 Perlhuhnküken oder 2 Perlhühner
2 dl Perlhuhn- oder Geflügelfond (siehe Seite 37)
¼ l Geflügelfond (siehe Seite 37)
1 TL schwarzer Sesam
Salate wie Bachkresse, Pourpier, (Portulak), Roquette etc.
2 EL Walnuß-Vinaigrette (2:1 Salatsauce mit Walnußöl)
Salz

Die Brüste auslösen. Den Fond in den Schnellkochtopf (2,8 l) gießen. Den Einsatz hineinstellen. Die Perlhuhnbrüste hineinsetzen. Die Flüssigkeit kurz aufkochen lassen, den Deckel schließen, kurz abdampfen lassen und die Kochstufe 2 einstellen. Die Garzeit beträgt 2,5 Minuten beim Küken und 3–4 Minuten beim Perlhuhn. Nach der Garzeit den Schnellkochtopf abdampfen und öffnen. Die Brüste herausnehmen.

Anrichten

Die Brüste mit feinen Messerschnitten anschneiden und würzen. Mit schwarzem Sesam bestreuen. Die Salate mit der Nuß-Vinaigrette anmachen und anrichten. Dazu reicht man ein würziges Chutney (siehe Seite 66).

◁ Perlhuhnkükenbrust in Nuß-Vinaigrette mit schwarzem Sesam und Salaten, s.o.

Perlhuhnbrust mit Panache* von Zander und Lachsforelle in Fenchel-Anis

2 Perlhühner
1 EL Pflanzenöl
¼ l Geflügelfond (siehe Seite 37)
200 g Lachsforellenfilet
200 g Zanderfilet
etwas Butter
4 cl Weißburgunder
⅛ l Fischfond (siehe Seite 22)
1 Handvoll Fenchel- und Aniskraut, möglichst frisch
Salz
Zitronensaft
evtl. frischer Kerbel

Von den Perlhühnern die Keulen und den Rücken auslösen (anderweitig, z.B. für eine Farce verwenden). Die Brüste am Knochen im Schnellkochtopf (5 l) in Pflanzenöl anbraten, auf eine Alufolie in den Siebeinsatz setzen. ¼ Liter Geflügelfond in den Schnellkochtopf gießen. Die Flüssigkeit kurz aufkochen lassen, den Deckel schließen, kurz abdampfen lassen und die Kochstufe 2 einstellen. Die Garzeit beträgt 4–5 Minuten.
In der Zwischenzeit die Fischfilets in Würfel schneiden und in einer Sauteuse mit Butter anschwenken. Ablöschen mit Weißwein und dem Fischfond. Die Fische kurz glasig köcheln. Das Fenchel- und Aniskraut kleinhacken und dazugeben. Würzen mit Salz und Zitronensaft.

Anrichten

Auf einem warmen Teller den Fisch-Panache anrichten, den Fond passieren und gut aufmixen. Die Fische damit überziehen. Die tranchierte Perlhuhnbrust daraufsetzen. Garnieren mit Fenchel- oder Aniskraut oder Kerbel.

---

* Panache = Gemisch etc., u. a. auch wirkungsvolle Aufmachung, andersfarbiger Fleck.

Gelackte Brust vom Fasan auf mariniertem Zucchinigemüse in Curry

600 g Zucchini (klein)
1 EL Vinaigrette (Essig-Öl-Sauce)
1 dl trockener Weißwein
4 cl Noilly Prat
2 Schalotten
¼ l Fasanenfond oder Geflügelfond (siehe Seite 37)
1 Ananas
1 Apfel
¼ l frische Sahne
Salz und Pfeffer
½ TL Curry
4 St Fasanenbrüste mit Haut und Knochen (oder 2 Fasane, zerteilt)
1 EL Schnittlauchröllchen

»Lack«
4 cl dunkles Bier
20 g Tannenhonig
20 g Aprikosenmarmelade
15 g Tomatenmark
1 cl Sherry-Essig

Die Zucchini waschen und mit der Schale in Pommes frites-ähnliche Stifte schneiden. In den Einsatz legen, eine Tasse Wasser in den Schnellkochtopf (3,5 l) gießen und das Gemüse ca. 1,5 Minuten blanchieren. Abschrecken und mit der Vinaigrette marinieren.
Weißwein mit Noilly Prat und den geschnittenen Schalotten fast gänzlich einkochen, mit Fond auffüllen und wiederum um zwei Drittel einkochen lassen. Die kleingeschnittene Ananas und den Apfel hinzugeben. Mit Sahne auffüllen und wiederum bis zur gewünschten Konsistenz einkochen lassen. Mit Salz, Pfeffer und Curry würzen. Kurz durchkochen und passieren. Bereitstellen.
Die Fasanenbrüste auf der Hautseite sehr gut anbraten, würzen und die Haut gut mit dem Lack einpinseln. Die Brüste auf Alufolie setzen und im vorgeheizten Backofen (200 Grad, ca. 8 Minuten) garen. Immer wieder mit dem Lack bepinseln. Danach die gelackte Haut unter dem Grill antrocknen lassen.

Anrichten

Das Zucchinigemüse auf einem warmen Teller anrichten, mit dem Schnittlauch bestreuen und die ausgelösten Fasanenbrüste darauflegen. Mit der Currysauce angießen.

◁ Gelackte Brust vom Fasan auf mariniertem Zucchinigemüse in Curry, s.o.

Taubenbrust auf Gemüsezwiebeln mit Zucchinistreifen und Trüffeln

400 g Gemüsezwiebel, entblättert
2 dl Taubenfond (Zubereitung wie Entenfond, Seite 44, jedoch ohne Paprikaschoten)
1 kleiner Zweig Thymian
1 kleiner Zweig Petersilie
10 g getrocknete Steinpilze
4 Taubenbrüste (vorzugsweise »etouffé«*)
Salz und schwarzer Pfeffer aus der Mühle

Vinaigrette

1 EL Traubenkernöl
1 EL Walnußöl
1 EL Rotweinessig
Salz und weißer Pfeffer
1 kleine schwarze Trüffel in Julienne
etwas Trüffelsaft
Zitronensaft und weißer Pfeffer aus der Mühle
1 Zucchino

In den Schnellkochtopf eine Tasse Wasser geben. Den Siebeinsatz hineinstellen. Die Gemüsezwiebeln darauflegen. Die Flüssigkeit kurz aufkochen lassen, den Deckel schließen, kurz abdampfen lassen und die Stufe 1 (Biostufe) einstellen. Die Garzeit beträgt 5 Minuten. Nach der Garzeit den Schnellkochtopf abdampfen und öffnen. Das Gargut bereitstellen.

In den Schnellkochtopf den Fond geben. Ebenso den Thymian, Petersilie und die getrockneten Steinpilze. Den Einsatz hineinstellen. Die Taubenbrüste am Knochen daraufsetzen. Die Flüssigkeit kurz aufkochen lassen, den Deckel schließen, kurz abdampfen lassen und die Kochstufe 2 einstellen. Die Garzeit beträgt 3 Minuten. Das Gargut bereitstellen. Würzen mit Salz und schwarzem Pfeffer. Die Vinaigrette aus Traubenkern-, Walnußöl und Rotweinessig bereiten. Würzen mit Salz und weißem Pfeffer. Damit die Zwiebeln würzen. Trüffeljulienne und den Trüffelsaft dazugeben. Mit etwas Zitronensaft abschmecken.

Den Zucchino gut waschen und mit einem Julienne-Reißer Streifen aus der Schale ziehen. In die Vinaigrette geben.

Anrichten

Die marinierten Zwiebeln auf Tellern anrichten. Die ausgelösten Taubenbrüste daraufsetzen und mit den marinierten Zucchinistreifen garnieren.

---

* geschmort, gedämpft.

◁ Taubenbrust auf Gemüsezwiebeln mit Zucchinistreifen und Trüffeln, s.o.

Spargel in Rahm von frischem Majoran

1 TL Butter
1 Schalotte
⅛ l trockener Weißwein
(Champagne oder Loire)
etwas Noilly Prat
⅛ l Geflügelbrühe
800 g weißer Spargel (geschält)
1 Bd frischer Majoran (gezupft)
100 g frische Sahne oder Crème fraîche
Salz
1 EL geschlagene Sahne

In den Schnellkochtopf die Butter geben und erhitzen. Darin die gehackte Schalotte glasig dünsten, mit dem Weißwein und Noilly Prat ablöschen, kurz einkochen lassen und die Geflügelbrühe aufgießen. Den Siebeinsatz hineingeben und die Spargel einlegen.
Die Flüssigkeit kurz aufkochen lassen, den Deckel schließen, kurz abdampfen lassen und die Stufe 1 (Biostufe) einstellen. Die Garzeit beträgt 5–6 Minuten.
Nach der Garzeit den Schnellkochtopf abdampfen und den Spargel sehr kurz abschrecken. Warmstellen. Während der Garzeit den Majoran zupfen.
Den Pochierfond passieren und die Sahne (bzw. die Crème fraîche) zugeben, gut durchkochen lassen, d.h. zur gewünschten Sämigkeit einkochen lassen. Mit dem Mixer oder Mixstab gut durchmixen, abschmecken, die gezupften Majoranblätter leicht untermischen und die geschlagene Sahne vorsichtig unterheben.

Anrichten
Die Spargel auf einen vorgewärmten Teller legen und mit der Sauce überziehen.

Zucchini-Ratatouille, grün und gelb, mit Eglifilets

800 g Zucchini, grüne und gelbe
500 g Eglifilets
etwas Butter
etwas Weißwein (trocken)
etwas Fischfond (siehe Seite 22)
Salz
Zitronensaft
20 g Butter
1 Schalotte, gehackt
1 Bd Kerbel und Schnittlauch, gehackt

Die Enden von den Zucchini abschneiden.
Die Zucchini in kleine Würfel von ca. 3–4 mm Kantenlänge schneiden.
In den Schnellkochtopf (3,6 l) eine Tasse Wasser geben. Den Siebeinsatz hineinstellen. Die Zucchiniwürfel einlegen. Die Flüssigkeit kurz aufkochen lassen, den Deckel schließen, kurz abdampfen lassen und die Stufe 1 (Biostufe) einstellen. Die Garzeit beträgt 1 Minute.
Nach der Garzeit den Schnellkochtopf abdampfen und öffnen.
In der Zwischenzeit die gewaschenen und trockengetupften Eglifilets auf ein gebuttertes Blech legen. Etwas Weißwein und Fischfond angießen. Die Eglifilets im Backofen bei 180 Grad garziehen lassen. Die Filets sollten noch etwas glasig sein. Dann leicht salzen und mit Zitronensaft beträufeln.
Den Fond durch ein Sieb gießen und mit etwas Butter aufschlagen. Mit wenig Salz würzen. Sollte der Fond zu dünn sein, noch kurz einkochen.
In einer Sauteuse etwas Butter schmelzen und die Schalotte darin anschwenken (sehr kurz). Würzen. Mit Kerbel und Schnittlauch bestreuen und mit den Zucchiniwürfeln vermengen.

Anrichten
Die Zucchini auf die warmen Teller verteilen und die Eglifilets darauf setzen. Mit dem Fond überziehen und garnieren.

Gedämpfter Chicorée mit Kalbsbries in der Weizenschrotkruste

600 g Kalbsbries
etwas trockener Weißwein
1 gespickte Zwiebel (siehe Seite 7)
4 St Chicorée
1 EL süßer Knoblauch (siehe Seite 66)
etwas Butter und Salz
1 kleine Dose geschälte Tomaten (420 g)
etwas trockener Rotwein
1 Zweig Rosmarin und Thymian
100 g Weizenschrot (mögl. frisch gemahlen)
1 Ei und 50 g Butter

Das Kalbsbries enthäuten und für eine Stunde in kaltem Wasser wässern. In den Schnellkochtopf (3,6 l) eine Tasse Wasser geben. Den Siebeinsatz mit dem Kalbsbries hineinsetzen, etwas Weißwein angießen und die gespickte Zwiebel dazulegen. Die Flüssigkeit kurz aufkochen lassen, den Deckel schließen, kurz abdampfen lassen und die Stufe 1 (Biostufe) einstellen. Die Garzeit beträgt je nach Größe des Kalbsbries 7–9 Minuten. Nach der Garzeit den Schnellkochtopf abdampfen und öffnen. Das Kalbsbries abschrecken und leicht beschwert auskühlen lassen.
Den Chicorée putzen und halbieren. Den Keil herausschneiden. Im Schnellkochtopf (3,6 l) den süßen Knoblauch mit etwas Butter und Salz anschwenken und mit den gemixten und passierten Tomaten aufgießen. Etwas Rotwein zugießen. Den Chicorée hineinlegen, den Thymian und Rosmarin dazugeben.
Die Flüssigkeit kurz aufkochen lassen, den Deckel schließen, kurz abdampfen lassen und die Stufe 1 (Biostufe) einstellen. Die Garzeit beträgt 7 Minuten.
In der Zwischenzeit mit dem Weizenschrot und dem Ei eine Panade herstellen und das in Scheiben geschnittene Kalbsbries damit panieren. Die Briesschnitzel in Butter braten.

Anrichten

Den Chicorée auf warmen Tellern anrichten und das Kalbsbries dazulegen. Den Tomatenfond passieren und darüberträufeln.

Blaukraut in Vin Santo mit grünen Mandeln

¼ l Geflügelfond (siehe Seite 37)
1 gespickte Zwiebel (siehe Seite 7)
600 g Blaukraut (geputzt und geschnitten)
2 cl Olivenöl
1 Schalotte
2 cl Vin Santo (italienischer Dessertwein)
200 g grüne Mandeln
etwas Butter
1 TL Pfeilwurzelmehl (siehe Seite 7)
Salz und Pfeffer
etwas Zitronensaft

In den Schnellkochtopf den Geflügelfond gießen und die gespickte Zwiebel dazugeben. Den Einsatz hineinstellen. In den Einsatz das geschnittene Blaukraut geben. Das Olivenöl, die gehackte Schalotte und den Vin Santo darübergeben. Die Flüssigkeit kurz aufkochen lassen, den Deckel schließen, kurz abdampfen lassen und die Stufe 1 (Biostufe) einstellen. Die Garzeit beträgt 12 Minuten. Nach der Garzeit den Schnellkochtopf abdampfen und öffnen.
In der Zwischenzeit die grünen Mandeln aufbrechen und in dünne Scheiben schneiden. Die Mandeln in wenig Butter anschwenken.
Das Blaukraut mit etwas angerührtem Pfeilwurzelmehl knapp binden und die Mandeln unterheben. Mit Salz und Pfeffer würzen und mit Zitronensaft abschmecken.

Möhrengemüse mit Muscheln in Pommery-Senf-Vinaigrette

1 kg frische Miesmuscheln
etwas Öl zum Anschwenken
1 Schalotte
1 EL trockener Weißwein
1 EL Noilly Prat
Salz und Pfeffer
1 Msp Safranpulver oder -fäden
1 Msp Knoblauch
0,1 l Fischfond (siehe Seite 22)
600 g Möhren, geschält und in Scheiben geschnitten
2 EL Balsamessig
4 EL gutes Öl (Olio extra Vergine)
1 EL Moutarde de Meaux (grobkörniger Senf aus dem Burgund)
1 EL Schnittlauch

Die geputzten und gewaschenen Muscheln im Schnellkochtopf mit etwas Öl und der gehackten Schalotte anschwenken, mit dem Weißwein und dem Noilly Prat ablöschen, mit Salz und Pfeffer würzen. Den Safran und den Knoblauch zugeben. Mit dem Fischfond auffüllen.
Die Flüssigkeit kurz aufkochen lassen, den Deckel schließen und die Stufe 1 (Biostufe) einstellen. Die Garzeit dauert 1 Minute. Den Topf abdampfen lassen und öffnen.
Die Möhren mit einer Tasse Wasser im Siebeinsatz 2 Minuten im Schnellkochtopf auf der Kochstufe garen und abschrecken.
Aus Essig, Öl, Salz und Pfeffer eine leichte Vinaigrette herstellen, den Dämpffond mit unterrühren. Nachwürzen und den Moutarde de Meaux einrühren.
Das Gemüse mit der Marinade anmachen, die ausgelösten Muscheln dazugeben und die passierte Sauce über die Muscheln gießen. Mit Schnittlauchröllchen bestreuen.

Zwiebellauch mit schwarzen Bohnen und Chili

400 g Zwiebellauch
100 g roter Chili
etwas Olivenöl
100 g Zwiebelstreifen
400 g schwarze Sojabohnen
200 g Geflügelfond (siehe Seite 37)
4 EL Oystersauce (Austernsauce)
Salz, Pfeffer, etwas Zucker
1 TL Pfeilwurzelmehl

In den Schnellkochtopf eine Tasse Wasser geben und den in gröbere Streifen geschnittenen Zwiebellauch und die Chili (entkernt) in den Siebeinsatz legen und hineinstellen. Die Flüssigkeit aufkochen lassen, den Topf verschließen, kurz abdampfen lassen und die Stufe 1 (Biostufe) einstellen. Die Garzeit dauert ca. 1 Minute.
Das Gargut herausnehmen, kurz unter kaltem Wasser abschrecken.
Im gleichen Topf (mit Küchenkrepp ausreiben) das Öl erhitzen, die Zwiebeln andünsten, das vorgegarte Gemüse und die gewässerten schwarzen Bohnen zugeben, den Geflügelfond aufgießen, die Oystersauce hinzufügen und würzen.
Den Fond aufkochen, den Topf verschließen und auf Stufe 1 in 30 Sekunden nachgaren.
Zur Bindung kann in etwas Wasser angerührtes Pfeilwurzelmehl verwendet werden.
Das Gemüse in kleinen Schälchen anrichten und à part servieren.

Vollwert-Risotto mit rohen Champignons

4 cl Olivenöl
1 Schalotte, fein gehackt
240 g Vollwertreis
1 l Geflügelfond (siehe Seite 37)
300 g frische Champignons
(geschlossene Köpfe)
Zitronensaft
Salz
Kerbelblättchen

Im Schnellkochtopf (3,6 l) das Olivenöl erhitzen und die Schalotte darin glasig dünsten. Den Reis zugeben und gut durchschwenken. Mit dem Geflügelfond ablöschen und mit etwas Salz würzen.
Die Flüssigkeit kurz aufkochen lassen, den Deckel schließen, kurz abdampfen lassen und die Kochstufe 2 einstellen. Die Garzeit beträgt 20 Minuten.
In der Zwischenzeit die Champignons putzen, waschen und gut mit Zitronensaft beträufeln. Nach der Garzeit den Schnellkochtopf abdampfen und öffnen.
Mit einem Holzlöffel den Reis auf dem Herd solange rühren, bis er sämig gebunden ist. Nachwürzen. Die Champignons in Scheiben schneiden.

Anrichten

Den Risotto auf warme Teller verteilen und mit den rohen Champignon-Scheiben bestreuen. Mit Kerbel garnieren.

Wilder Reis mit Ochsenwade

200 g wilder Reis
1 Schalotte
25 g Butter
2 gespickte Zwiebeln (siehe Seite 7)
0,4 l Geflügelfond (siehe Seite 37)
0,2 l Rinderbrühe
Salz
1 Prise Pökelsalz (beim Metzger erhältlich)
1 Scheibe Ochsenwade (Hesse)

Den wilden Reis abwaschen. Im Schnellkochtopf (3,6 l) mit der gehackten Schalotte und der Butter anschwenken. Eine gespickte Zwiebel dazugeben und mit dem Geflügelfond auffüllen. Die Flüssigkeit kurz aufkochen lassen, den Deckel schließen, kurz abdampfen lassen und die Kochstufe 2 einstellen. Die Garzeit beträgt 30 Minuten.
Nach der Garzeit den Schnellkochtopf abdampfen und öffnen. Den Reis herausnehmen.
In den Schnellkochtopf die Rinderbrühe, das Salz, das Pökelsalz und die zweite gespickte Zwiebel geben. Die Wade in kleine Würfel schneiden. Den Einsatz hineinstellen. Die Wadenwürfel daraufgeben. Die Flüssigkeit kurz aufkochen lassen, den Deckel schließen, kurz abdampfen lassen und die Kochstufe 2 einstellen. Die Garzeit beträgt 10 Minuten. Nach der Garzeit den Schnellkochtopf abdampfen und öffnen.
Das Wadenfleisch unter den wilden Reis mischen.

Aprikosencreme

¼ l Milch
½ Zimtstange
2 TL abgeriebene Schale einer
unbehandelten Orange
⅛ l Eiweiß
20 g Zucker
12 Aprikosen (mittelfest bis weich)
⅛ l Weißwein (trocken)
40 g Zucker
4 cl Marillenlikör
4–5 Blatt Gelatine
¼ l Sahne

Milch, Zimtstange und Orangenschale aufkochen. Eiweiß und Zucker schaumig schlagen. Aprikosen, Weißwein, Zucker und Marillenlikör in den Schnellkochtopf (3,6 l) geben. Die Flüssigkeit kurz aufkochen lassen, den Deckel schließen, kurz abdampfen lassen und die Stufe 1 (Biostufe) einstellen. die Garzeit beträgt 2 Minuten. Nach der Garzeit den Schnellkochtopf abdampfen und öffnen. Den Inhalt in den Mixer geben und pürieren. Danach passieren. Das Mus zur gewürzten Milch geben.
Die Milch mit der Eiweißmasse binden, die eingeweichte Gelatine unterheben und zum Schluß die steif geschlagene Sahne. Die Masse in Gläser oder auch in eine Schüssel füllen und zum Stocken kühlstellen.

Feines Apfelmus »Martina und Moritz«

8 Stück saftige Äpfel
¼ l Apfelsaft
0,1 l süße Sahne
1 TL Zucker
2 EL geriebene Haselnüsse
rote Johannisbeerrispen

Die gewaschenen Äpfel vierteln, nicht schälen und nicht entkernen. Den Apfelsaft in den Schnellkopftopf (3,6 l) gießen, den Einsatz hineinstellen. Die Äpfel darauflegen. Die Flüssigkeit kurz aufkochen lassen, den Deckel schließen, kurz abdampfen lassen und die Stufe 1 (Biostufe) einstellen. Die Garzeit beträgt 8 Minuten.
Nach der Garzeit den Schnellkochtopf abdampfen und öffnen. In der Zwischenzeit die Sahne leicht anschlagen und evtl. etwas süßen.
Die weichen Äpfel passieren (am besten mit der Flotten Lotte) und das Apfelmus in vier Schälchen verteilen. Jeweils etwas Sahne darübergeben und mit den Haselnüssen bestreuen. Mit Johannisbeerrispen garnieren.

Feines Apfelmus „Martina und Moritz", s.o. ▷

Pfirsichmousse auf Amaretto-Mokka-Sabayon

400 g reife Pfirsiche
⅛ l trockener Weißwein
60 g Vanillezucker
2 Eigelbe
75 g Zucker
8 cl Pfirsichbrand
3 Blatt Gelatine
4 cl Pfirsichbrand
250 g steife Sahne

Für den Sabayon:
2 Eigelbe
40 g Zucker
4 cl Amaretto
1 Tasse Mokka

Die Pfirsiche entsteinen und kleinschneiden. Mit dem Weißwein und Vanillezucker im Schnellkochtopf (5 l) auf der Stufe 1 (Biostufe) in 5 Minuten weichdünsten. Die Pfirsiche mixen.
Das Pfirsichmark mit den Eigelben, Zucker und Pfirsichbrand warm aufschlagen. Die Gelatine im Pfirsichbrand (4 cl) auflösen und unter das aufgeschlagene Pfirsichmark ziehen. Kurz vor dem Erkalten die steife Sahne vorsichtig unterheben und in Förmchen abfüllen.
Die Eigelbe mit Zucker bei mäßiger Hitze im Wasserbad aufschlagen, den Amaretto und zuletzt den Mokka unterziehen.
Den Sabayon zu der erkalteten und mit einem Löffel abgestochenen Mousse servieren. Mit frischen Früchten, wie Karambole (Sternfrucht), Kirschen, Himbeeren etc. garnieren.

◁ Pfirsichmousse auf Amaretto-Mokka-Sabayon, s. o.

Kastanienschaum

500 g Maronen (geschält)
1 Msp Salz
10 cl Milch
½ Vanilleschote
¼ l Sahne
40 g Zucker
2 cl Rum

In den Schnellkochtopf eine Tasse Wasser mit der Messerspitze Salz geben. Den Siebeinsatz hineinstellen. Die Kastanien (Maronen) in den Siebeinsatz legen. Die Flüssigkeit kurz aufkochen lassen, den Deckel schließen, kurz abdampfen lassen und die Stufe 1 (Biostufe) einstellen. Die Garzeit beträgt 15 Minuten. Nach der Garzeit den Schnellkochtopf abdampfen und öffnen. Die Kastanien pürieren. Milch und die aufgeschlitzte Vanilleschote aufkochen und das Kastanienpüree dazugeben. Sahne mit dem Zucker steifschlagen und unter die Masse heben. Den Rum dazugeben. Die Vanilleschote entfernen, den Schaum in Portionsschälchen füllen und kühlstellen. Dazu passen eingelegte Rumkirschen.

Buchteln mit Heidelbeeren

500 g Mehl (Type 405)
25 g Hefe
20 cl Milch
70 g Zucker
2 Eier
1 Msp Salz
70 g Butter
*1 TL abgeriebene Schale
einer unbehandelten Zitrone*
200 g Heidelbeeren
etwas Zucker
0,1 l süße Sahne

Aus Mehl, Hefe, etwas Milch und Zucker, Salz, Eiern und Zitronenschalenabrieb einen Hefeteig zubereiten. Die restliche Milch und die Hälfte der Butter in den Schnellkochtopf geben. Den Teig zu 2 cm großen Buchteln formen und hineinsetzen. Die Buchteln mit Butter bestreichen.
Die Flüssigkeit kurz aufkochen lassen, den Deckel schließen, kurz abdampfen lassen und die Stufe 1 (Biostufe) einstellen. Die Garzeit beträgt 10 Minuten. Nach der Garzeit den Schnellkochtopf abdampfen und öffnen. Die Buchteln vorsichtig herausnehmen und auf ein Blech setzen. Im Grill kurz bräunen.

Anrichten

Die verlesenen Heidelbeeren mit wenig Zucker und flüssiger Sahne vermischen. die Buchteln auf die Teller verteilen und die Heidelbeeren rundum anrichten.

Crêpes gefüllt mit Sauerkirschen in Spätburgunder

Flädleteig/Crêpe-Teig:
125 g Mehl
2 Eier
⅛ l Milch
Fett zum Ausbacken

600 g Sauerkirschen (bzw. Schattenmorellen)
⅛ l trockener Spätburgunder
⅛ l roter Traubensaft
1 EL Zucker
1 Zimtstange
2 cl Grappa
1 TL abgeriebene Schale einer unbehandelten Zitrone

Aus Mehl, Eiern und Milch einen Teig rühren, 20 Minuten quellen lassen.
Die Kirschen waschen und entkernen. Die Zutaten in den Schnellkochtopf geben (3,6 l). Den Einsatz hineinstellen. Die Kirschen daraufgeben. Die Flüssigkeit kurz aufkochen lassen, den Deckel schließen, kurz abdampfen lassen und die Stufe 1 (Biostufe) einstellen. Die Garzeit beträgt 2–3 Minuten. Nach der Garzeit den Schnellkochtopf abdampfen und öffnen.
In der Zwischenzeit die Crêpes ausbacken.
Den Fond passieren. Wird eine stärkere Bindung gewünscht, kann der Fond mit Pfeilwurzelmehl (s. Seite 7) nachgebunden werden.

Anrichten

Die Flädle zusammenfalten und auf warme Teller verteilen. Die Kirschen wieder zu der Sauce geben und mit der Sauce auf den Flädle anrichten. Dazu paßt sehr gut Vanille-Eis.

Crêpes, gefüllt mit Sauerkirschen in Spätburgunder, s. o. ▷

Williams-Christ-Birne in Tokajer mit Krokant-Eis

⅛ l Birnensaft
⅛ l Tokajer (aus dem Elsaß)
½ Zimtstange
2 cl Williams-Christ
1 TL abgeriebene Schale je einer
unbehandelten Zitrone und Orange
1 EL Zucker

4 schöne Williams-Christ-Birnen
einige Zesten von Orangenschale
4 Portionen Krokant-Eis
frische Himbeeren

In den Schnellkochtopf (5 l) die Zutaten für den Sud geben. Den Einsatz hineinstellen. Die Birnen schälen, halbieren, entkernen und in den Einsatz legen. Die Flüssigkeit kurz aufkochen lassen, den Deckel schließen, kurz abdampfen lassen und die Stufe 1 (Biostufe) einstellen. Die Garzeit beträgt 4 Minuten.
Nach der Garzeit den Schnellkochtopf abdampfen und öffnen.
Die Birnen entweder warm oder ausgekühlt anrichten. Den Fond passieren, mit Orangenschalen-Zesten vermischen. (Wird eine stärkere Bindung gewünscht, kann der Fond mit Pfeilwurzelmehl nachgebunden werden.)

Anrichten

Die Birnenhälften mit etwas Sauce nappieren und mit dem Eis servieren. Mit frischen Himbeeren umlegen.

Zwetschgen-Kompott

⅛ l roter Traubensaft
1 cl Zwetschgenwasser
1 EL Zucker
1 TL abgeriebene Schale
einer unbehandelten Zitrone
1 TL abgeriebene Schale
einer unbehandelten Orange
600 g Zwetschgen (mittelfest)

In den Schnellkochtopf (3,6 l) den Traubensaft gießen und das Zwetschgenwasser, den Zukker, Zitronen- und Orangenschale dazugeben. Den Einsatz hineinstellen. Die gewaschenen, halbierten und entsteinten Zwetschgen daraufgeben.
Die Flüssigkeit kurz aufkochen lassen, den Deckel schließen, kurz abdampfen lassen und die Stufe 1 (Biostufe) einstellen. Die Garzeit beträgt 2 Minuten. Nach der Garzeit den Schnellkochtopf abdampfen und öffnen.
Die Zwetschgen können warm oder auch ausgekühlt angerichtet werden. Wird eine stärkere Bindung gewünscht, kann der Fond mit Pfeilwurzelmehl nachgebunden werden.

Anrichten

Die Zwetschgen in Schüsselchen füllen und mit etwas Sauce übergießen.

◁ Williams-Christ-Birne in Tokajer mit Krokant-Eis, s. o.

Waldbeeren im Reisring

125 g Rundkornreis
1 l Milch
1 Vanilleschote (aufgeschlitzt)
½ TL abgeriebene Schale einer unbehandelten Zitrone
½ TL abgeriebene Schale einer unbehandelten Orange
1 Msp Salz
30 g Butter
60 g Zucker

600 g Waldbeeren, gemischt
100 g Zucker
⅛ l trockener Rotwein
3 Blatt weiße Gelatine
200 g geschlagene Sahne

Die Zutaten für den Milchreis, einschließlich Butter und Zucker, im Schnellkochtopf (5 l) auf der Stufe 1 (Biostufe) zubereiten. Gardauer 7 Minuten.
Die Waldbeeren mit Zucker und Rotwein im Schnellkochtopf (3,6 l) auf der Stufe 1 (Biostufe) zubereiten. Gardauer 2 Minuten.
Die eingeweichte, ausgedrückte Gelatine unter den Milchreis heben und kurz vor dem Auskühlen die geschlagene Sahne vorsichtig unterziehen. Den Reis in kalt ausgespülte Ringförmchen füllen und auskühlen lassen.
Die Beeren können, falls gewünscht, noch mit etwas Pfeilwurzelmehl angedickt werden. Dies muß jedoch vorsichtig geschehen, da die Beeren sonst zu Mus werden.

Anrichten
Die kleinen Reisringe auf Teller stürzen, in die Mitte die Waldbeeren füllen und mit frischen Minze- oder Zitronenmelisseblättchen garnieren.

Tomaten-Gelee mit Caprini und Basilikum

8 Stück aromatische Fleischtomaten
1 EL Tomatenmark
1 dl Tomatensaft (Flasche)
1 Bund Basilikum
2 Eiweiß
4 Blatt Gelatine
1 Prise Salz
2 Stück kleine Caprini (italienischer Ziegenfrischkäse)*

Tomaten mit Mark und Saft in den Schnellkochtopf geben. Die Flüssigkeit kurz aufkochen lassen, den Deckel schließen, kurz abdampfen lassen und die Stufe 1 (Biostufe) einstellen. Die Garzeit beträgt 2–3 Minuten. Nach der Garzeit den Schnellkochtopf abdampfen und öffnen.
Den Inhalt in den Mixer geben und mit zwei Blatt Basilikum gut durchmixen.
In der Zwischenzeit die zwei Eiklar kurz anschlagen. Das Tomatenpüree wieder erhitzen und die Eiweiß unterschlagen. Unter ständigem Rühren das Eiweiß gerinnen lassen und das Tomatenpüree damit klären.
Kurz ruhen lassen und den geklärten Saft durch ein Tuch passieren. Es sollte ca. ½ Liter klarer Tomatensaft übrigbleiben. Mit etwas Salz würzen. Die Gelatine in kaltem Wasser einweichen. In dem noch warmen Saft die Gelatine auflösen. Ins Kühlfach stellen und leicht gelieren lassen.
Passende Gläser kühlstellen und den Caprini portionieren. Den Käse in die Gläser geben und mit kleinen Basilikumblättern garnieren.
Das leicht geeiste Tomaten-Gelee darübergeben und im Kühlschrank völlig durchkühlen lassen.

---

* Falls Sie keine Caprini bekommen können, schmeckt auch ein anderer schnittfester Ziegenkäse sehr gut zum Tomaten-Gelee.

Tomaten-Gelee mit Caprini und Basilikum, s.o. ▷

Süßer Knoblauch

4 ganze Knoblauchknollen

Die Knoblauchknollen schälen und aus den einzelnen Knoblauchzehen die grünen Keime herausziehen.
In den Schnellkochtopf eine Tasse Wasser geben. Den Siebeinsatz hineinstellen. Die Knoblauchzehen zugeben. Die Flüssigkeit kurz aufkochen lassen, den Deckel schließen, kurz abdampfen lassen und die Stufe 1 (Biostufe) einstellen. Den Druck aufbauen lassen und wieder abdampfen. Diesen Vorgang 5mal mit jeweils frischem Wasser wiederholen und jedesmal die Knoblauchzehen kurz abschrecken.
Danach die Zehen in leicht gesalzenem Wasser in einem Schraubglas oder dergleichen aufbewahren.
Süßer Knoblauch dient zur Garnitur von Fleischgerichten. Durch diese Methode verliert der Knoblauch gänzlich seine Schärfe und schmeckt sehr mild und aromatisch.

Eingemachtes Melonen-Chutney, süßsauer

1 kg Melonenfleisch, gewürfelt (Cavaillon- oder Charentais-Melonen)
300 g Zwiebeln
250 g eingeweichte Rosinen
120 g säuerliche Äpfel (Boskop)
75 g geraspelter Ingwer
1 Knoblauchzehe
½ Zitrone mit ihrer abgeriebenen Schale
0,1 l Weißwein mit starker Säure
0,2 l Weißwein mit angenehmer Süße
0,1 l Noilly Prat
1 Gewürzbeutel mit 3 Chilischoten und einer Nelke

Sämtliche Zutaten in den Schnellkochtopf (5 l) geben und unter ständigem Rühren aufkochen. Die Flüssigkeit kurz kochen lassen, den Deckel schließen, kurz abdampfen lassen und die Stufe 1 (Biostufe) einstellen. Die Garzeit beträgt 4 Minuten. Nach der Garzeit den Schnellkochtopf abdampfen und öffnen.
Den Gewürzbeutel entfernen. Das Chutney nachschmecken und in vorbereitete Einmachgläser füllen. Nach Vorschrift im Schnellkochtopf 8–10 Minuten sterilisieren.

Eingemachte Kläräpfel mit Ingwer und Koriander

1,2 kg Kläräpfel
1 l trockener Weißwein
½ Ingwerwurzel am Stück
150 g Zwiebeln
100 g Schalotten
110 g Sultaninen
3 EL Zucker
½ TL Salz
½ TL fein gestoßener Koriander
1 TL Einmachgewürz
1 EL Weißweinessig
1 TL Dijonsenf

Die Kläräpfel schälen und entkernen. Die Äpfel in gröbere Stücke schneiden.
Im Schnellkochtopf (5 l) den Weißwein aufkochen und den Ingwer sowie die Äpfel dazugeben. Die Flüssigkeit kurz aufkochen lassen, den Deckel schließen, kurz abdampfen lassen und die Stufe 1 (Biostufe) einstellen. Die Garzeit beträgt 3 Minuten. Nach der Garzeit den Schnellkochtopf abdampfen und öffnen. Den Ingwer entfernen und alle anderen Zutaten hinzugeben. Unter leichtem Köcheln die Masse rühren, bis sie bindet. Danach die Äpfel in vorbereiteten Gläsern nach Vorschrift im Schnellkochtopf ca. 8 Minuten sterilisieren.

Hagebutten-Marmelade

2 kg Hagebutten (frisch)
Wasser
¼ l Orangensaft pro 750 g Fruchtbrei
1 kg Gelierzucker
4 EL Whisky

Hagebutten waschen, Blüten und Stiele entfernen, und knapp mit Wasser bedeckt in den Schnellkochtopf (5 l) geben. Die Flüssigkeit kurz aufkochen lassen, den Deckel schließen, kurz abdampfen lassen und die Stufe 1 (Biostufe) einstellen. Die Garzeit beträgt 10 Minuten. Nach der Garzeit den Schnellkochtopf abdampfen und öffnen.
Die Masse passieren, abwiegen und mit der entsprechenden Menge Orangensaft und Gelierzucker mischen. Im Topf knapp 4 Minuten unter ständigem Rühren sprudelnd kochen. Whisky unterrühren und die Marmelade heiß in Gläser füllen, gut verschließen.

Rezepte von A–Z

Apfelmus, fein „Martina und Moritz"   56
Aprikosencreme   56

Barbets auf kleiner Ratatouille in Chablis   28
Bestes vom Reh auf Linsen mit Limonen   15
Beurre blanc   22
Birne in Tokajer mit Krokant-Eis   63
Blaukraut in Vin Santo mit grünen Mandeln   53
Bordeaux-Lamm, braisiert, mit Austernpilzen   33
Brust vom Fasan, gelackt, auf mariniertem Zucchinigemüse in Curry   49
Buchteln mit Heidelbeeren   60

Chicorée, gedämpft, mit Kalbsbries in der Weizenschrotkruste   53
Crêpes gefüllt mit Sauerkirschen in Spätburgunder   60
Crêpe-Teig   60

Eglifilets mit Zucchini-Ratatouille, grün und gelb   52
Eglifilets und Julienne in leichter Petersilienwurzelschaumsuppe   20
Enten-Consommé   44
Entenfond (dunkel)   44
Enten-Glace   44

Fischfond   22
Flädle-Teig   60
Frisée-Salat, gedünstet (zu Kalbsfilet)   34
Fuscha von Kohlrabi und Schwarzwurzeln mit Curry-Vinaigrette   9

Geflügelfond (dunkel)   37
Geflügelfond (hell)   37
Geflügel-Glace   37
Gemüsecreme mit Albatrüffeln, Pecorino und Hummer   16

Hagebutten-Marmelade   67
Hoher Bug aus der Kalbsschulter in italienischem Sud   38

Kalbsbries mit gedämpftem Chicorée in der Weizenschrotkruste   53
Kalbsbriesnüßchen in Kartoffelschaumsuppe   16

Kalbsfilet, rosa, in Elsässer Tokajersauce mit gedünstetem Frisée   34
Kalbsfond (dunkel)   33
Kalbsfond (hell)   33
Kalbs-Glace   33
Kalbsherz-Scheiben mit Wacholderbirne in Sherry   37
Kartoffelsalat, getrüffelt, mit Streifen von Taubenbrust   12
Kartoffelschaumsuppe mit Kalbsbriesnüßchen und Krebsen   16
Kastanienschaum   59
Kichererbsenschaumsuppe mit Rouget und Langoustines   19
Kläräpfel, eingemacht, mit Ingwer und Koriander   67
Knoblauch, süß   66
Kresseschaumsuppe mit Rouladen von Lachsforelle und Zander   19

Lachsforelle mit Aromaten in der Folie mit Beurre blanc   22
Lachsforellenfilet im Mangoldblatt in Rieslingsauce   24
Lack für Fasanenbrust   49
Lamm, Bordeaux-, braisiert, mit Austernpilzen   33
Linsenschaumsuppe mit Entenleber und Pfifferlingen   20
Löwenzahnsauce   10
Lottemedaillons mit Birnenperlen und Gänseleber in Sauce Ventoux   27

Melonen-Chutney, eingemacht, süßsauer   66
Möhrengemüse mit Muscheln in Pommery-Senf-Vinaigrette   54
Muschel-Pot au Feu mit Lottemedaillons und Krebsbutter   30

Nudelteig für Tortellini   10

Ochsenzunge mit Lauchherzen in Apfelrahmsauce   38

Penne mit Kutteln und weißen Trüffeln   12
Perlhuhnbrust mit Panache von Zander und Lachsforelle in Fenchel-Anis   47
Perlhuhnkükenbrust in Nuß-Vinaigrette mit schwarzem Sesam und Salaten   47
Petersilienwurzelschaumsuppe mit Eglifilets und Julienne   20

Pfirsichmousse auf Amaretto-Mokka-
    Sabayon   59
Pilze, mariniert, zu Rehrücken   15

Reh-Consommé   43
Rehfond (dunkel)   43
Reh-Glace   43
Rehleber auf Linsen mit Limonen   15
Rehrückenfilet aus dem Portweindampf mit
    warmen Feigen   43
Rehrücken, gebeizt und rosa pochiert, mit
    marinierten Pilzen   15
Reis, wilder, mit Ochsenwade   55
Risotto, Vollwert-, mit rohen Champi-
    gnons   55
Rougets auf kleiner Ratatouille in Chablis   28
Roulade von Lachsforelle und Zander in
    Kresseschaumsuppe   19

Sabayon, Amaretto-Mokka-, mit Pfirsich-
    mousse   59
Sauce zu Tafelspitz   40
Spargel in Rahm von frischem Majoran   52

Tafelspitz mit Weinkräutern   40
Taubenbrust auf Gemüsezwiebeln mit
    Zucchinistreifen und Trüffeln   51

Tiefseegarnelen in Chianti mit
    Petersilienwurzel   9
Tomaten-Gelee mit Caprini und
    Basilikum   64
Tortellini, hausgemacht, auf Berglinsen und
    Löwenzahnsauce   10

Vinaigrette für Austernpilze   33
Vollwert-Risotto mit rohen Champignons   55

Waldbeeren im Reisring   64
Weinkräuteressenz   40
Wildente mit Papardelle   44
Wilder Reis mit Ochsenwade   55
Williams-Christ-Birne in Tokajer mit Krokant-
    Eis   63

Zanderfilet mit jungem Lauch in Sauce Mous-
    seline   30
Zucchini-Ratatouille, gelb und grün, mit Egli-
    filets   52
Zwetschgen-Kompott   63
Zwiebellauch mit schwarzen Bohnen und
    Chili   54

BÜCHER FÜR FEINSCHMECKER

Das schmeckt nach Urlaub und südlicher Sonne: Die schönsten Rezepte mit raffinierter Knoblauchwürze, vielseitig, gesund und meisterhaft fotografiert – ein Genuß schon beim Ansehen!
Ein Bild- und Geschenkkochbuch.
134 Seiten, rund 70 Fotos.

Rund 70 erprobte Rezepte aus echtem Schrot und Korn: süße und pikante Kuchen, Brote und Brötchen, Pizza, Kleingebäck und Stollen, kernig und ausdrucksvoll im Geschmack. Genaue Zeit- und Temperaturangaben, Tips für das gesunde Backen.
Ca. 100 Seiten mit vielen Fotos.

Sahnig, cremig oder fruchtig: problemlos Torten backen nach klaren Schritt für Schritt-Fotos und detailllierten Beschreibungen des versierten Konditormeisters Karl Neef. Sogar die große Hochzeitstorte kann man selber backen!
94 Seiten, rund 200 Fotos.

Klein aber fein: Die große Überraschung mit kleinen Happen, phantasievoll angerichtet und meisterhaft fotografiert. 16 Köche der jungen Generation liefern neue Ideen für die raffinierte Partyküche - ein Fest für Augen und Gaumen!
175 Seiten, 80 Fotots.

Profi-Rezepte für zuhause - ein Kochseminar für Topfgucker, die den Sterneköchen über die Schulter schauen wollen. Tips und Tricks, Warenkunde und edle Rezepte rund um's Jahr - das Buch zur Kochserie in SWF 1.
134 Seiten, 52 Fotos.

Mehr als nur eine Mode: die asiatisch inspirierte Küche, leicht, subtil und raffiniert, von vier Top-Köchen aus Deutschland und der Schweiz zur höchsten Vollendung gebracht und mit etwas Übung gut zuhause nachzukochen.
151 Seiten, über 50 Fotos.

Hädecke Bücher sind überall im Fachhandel erhältlich. Info bei:

HÄDECKE VERLAG · 71256 WEIL DER STADT

...CHER FÜR FEINSCHMECKER

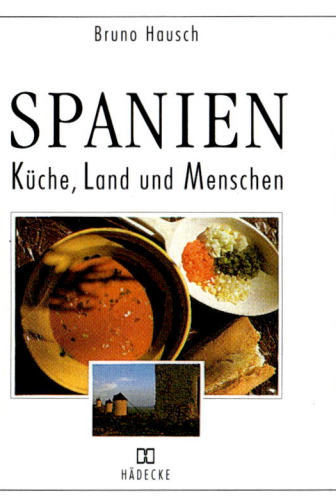

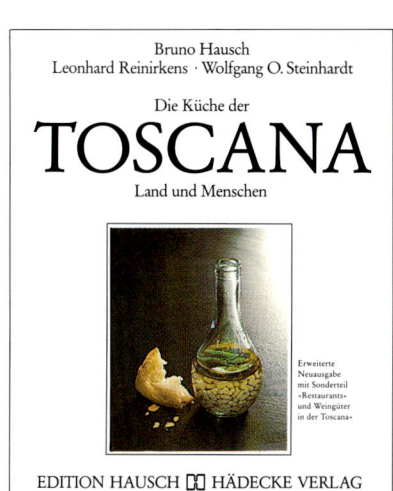

...e kulinarische Rundreise durch ...zwölf klassischen Regionen ...niens mit ihren typischen ...epten und Bräuchen mit ...artigen Landschafts- und ...eptfotos.
... Seiten, 220 Farbfotos.

Authentische Rezepte für typische Regionalgerichte: einfach in der Zubereitung, anspruchsvoll bei den Zutaten, raffiniert in der Wahl der Gewürze. Landschaftsbeschreibung und Kochbuch in einem.
238 Seiten, rund 160 Farbfotos.

Unverfälschte, naturnahe Gerichte, Landschafts- und Portraitaufnahmen, sachkundige Beschreibungen der kulinarischen Spezialitäten, Tips für Weingüter und Restaurants und einfach köstliche Rezepte!
218 Seiten mit rund 100 Farbfotos.

...schönsten Rezepte der ...schen Küche: zeitlose Klassiker ...oderner Zubereitung nach ...tionellen Vorgaben. Meisterhafte ...s, die Appetit auf neue und ...rtraute Genüsse machen.
...d 200 Seiten mit über 50 ...tafeln.

Pikante Köstlichkeiten und Häppchen aus den Urlaubsländern rund ums Mittelmeer, aus nördlichen Regionen, Asien und Amerika – attraktiv für jedes Buffet, für kleine und große Mahlzeiten.
120 Seiten, davon ca. 50 Seiten farbig.

Amerika is(s)t anders: Lukullische Highlights aus den Metropolen und ländliche Traditionsrezepte – ein Schmelztiegel der Genüsse aus aller Welt und eine kulinarische "Neue Welt" für jeden Gourmet.
Silbermedaille der Gastronomischen Akademie! 220 Seiten mit rund 60 Farbfotos.

...ecke-Bücher sind überall im Fachhandel erhältlich.
...ere Informationen und ausführliche Prospekte erhalten Sie vom

HÄDECKE VERLAG · 7252 WEIL DER STADT

FITNESSKÜCHE

B ücher, die helfen, Gesundheit und Fitness zu erhalten.

H. Pflaum / M. Weber
Vollwertküche für Gourmets
Top-Rezepte ohne Fleisch, Menüs für jede Jahreszeit. Das Kochbuch für Anspruchsvolle.
207 S. mit 60 Farbtafeln.

Christina Kleiner-Röhr
Gesunde Genüsse - schnell und fein
Die leichte Küche mit viel Frischkost und Gemüse, wenig Fisch und Fleisch, ohne Zucker u. Weißmehl.
Über 100 Rezepte, 152 S., 32 Farbt.

Christina Kleiner-Röhr
Vollwertkonfekt
aus Nüssen, Mandeln, Früchten, Honig: Pralinen, Marzipan, Sommerkonfekt, Petit Fours.
85 Seiten, 8 Farbtafeln.

Michael Hamm / Marlis Weber
Sporternährung praxisnah
Know-how und Erfolgsrezepte für mehr Leistung. Ernährungspläne, Tabellen und Tips für Kraft- und Ausdauersportler. 135 S., 15 Farbt.

Marlis Weber / Isabel Wilden
Lexikon der gesunden Ernährung
Basiswissen zur Gesundheitsküche von A bis Z mit Grundrezepten, Tabellen und vielen Farbbildern.
Ca. 160 Seiten, ca. 100 Fotos.

Karl Rudolf
50 Mixdrinks ohne Alkohol
Fitnessdrinks
2mal farbenfrohes Mixvergnügen. Jedes Getränk mit farbiger Abbildung. Jeder Band 63 S. mit über 50 Farbfotos.

Lisa Mar
Gesund mit Reis
Entgiftungskuren mit köstlichen Reisgerichten. 83 Rezepte mit genauen Nährwertberechnungen.
80 Seiten.

Postfach 1203
Telefon 07033 / 2264
7252 Weil der Stadt

Bouley 19,80

Schnellkochtopf

1750.0239.1

Hädecke

830 273